Dandhara
A VIA ENTRE A CULPA E A LIBERDADE

CB046230

Inês Telma Citelli

Dandhara
A VIA ENTRE A CULPA E A LIBERDADE

© 2017, Madras Editora Ltda.

Editor:
Wagner Veneziani Costa

Produção e Capa:
Equipe Técnica Madras

Ilustrações:
Estúdio Inspiratório

Revisão:
Arlete Genari
Ana Paula Luccisano

Dados Internacionais de Catalogação na Publicação (CIP)
(Câmara Brasileira do Livro, SP, Brasil)

Citelli, Inês Telma
  Dandhara : a via entre a culpa e a liberdade /
Inês Telma Citelli. -- São Paulo : Madras, 2017.

ISBN: 978-85-370-1085-3

1. Ficção - Literatura brasileira 2. Memórias
I. Título.
17-07045   CDD-869.3

Índices para catálogo sistemático:
1. Ficção : Literatura brasileira 869.3

É proibida a reprodução total ou parcial desta obra, de qualquer forma ou por qualquer meio eletrônico, mecânico, inclusive por meio de processos xerográficos, incluindo ainda o uso da internet, sem a permissão expressa da Madras Editora, na pessoa de seu editor (Lei nº 9.610, de 19/2/1998).

Todos os direitos desta edição reservados pela

MADRAS EDITORA LTDA.
Rua Paulo Gonçalves, 88 – Santana
CEP: 02403-020 – São Paulo/SP
Caixa Postal: 12183 – CEP: 02013-970
Tel.: (11) 2281-5555 – Fax: (11) 2959-3090
www.madras.com.br

Eu agradeço a Deus e a todos os meus companheiros de missão que colaboraram para a realização desta obra.
E especialmente à minha querida amiga e mentora Dandhara, que me confiou este trabalho.

Inês Telma Citelli

Índice

Um Recado de Dandhara 11
Prefácio 13
Capítulo 1 15
Capítulo 2 23
Capítulo 3 30
Capítulo 4 37
Capítulo 5 46
Capítulo 6 53
Capítulo 7 58
Capítulo 8 64
Capítulo 9 71
Capítulo 10 77
Capítulo 11 86
Capítulo 12 93
Capítulo 13 99
Capítulo 14 103
Capítulo 15 110
Capítulo 16 116
Capítulo 17 124
Capítulo 18 131
Capítulo 19 144
Capítulo 20 150

Um Recado de Dandhara

Ainda me lembro bem...
Já faz algum tempo, mas em minha memória é como se tudo isso tivesse acontecido há poucos dias. Porque quem é que pode definir o tempo em segundos, minutos, horas, dias, semanas, meses, anos, décadas, séculos ou milênios? Qual é mesmo a diferença?

Desde que passou, o tempo torna-se passado; se ainda está para acontecer, não é nada. Sim, e eu pergunto: o que é o futuro, se nem ao menos o conhecemos?

Na minha concepção, muito singular e talvez imatura, o futuro não existe, o inventaram. Existe somente o Hoje. Tudo gira em torno dele: o agora, o antes e o depois.

Sempre haverá de ser Hoje. Assim, no momento em que você dorme, ele já se torna o Hoje de ontem para dar lugar a um novo Hoje, pois a vida é uma renovação constante. Uma pena as pessoas não perceberem esse detalhe e viverem em função do que já foi ou será.

Tudo se reveza: o Sol e a Lua, o claro e o escuro, o nascimento e a morte, o amor e o perdão, o novo e o velho, o conhecimento e a sabedoria. Também a verdade e a fé, a inspiração e a criatividade, o trabalho e o descanso, o dever e o prazer, o sonho e a realidade, a busca e o encontro. Assim como a luta e a vitória, o pessimismo e o fracasso, o ódio e a dor, a traição e a vingança, a paz e a alegria...

E, sucessivamente, no Universo, tudo vem e vai, revezando-se, renovando-se, criando-se: acontecendo.

Que bom que é assim!

Pois nenhuma dor ou sofrimento são eternos; eles podem acabar junto com o nosso dia, quando vamos nos deitar. Seja qual for o tamanho e a intensidade desses sentimentos, eles sempre passam.

Belíssimos romances ou terríveis tragédias podem terminar ou não, junto com o nosso dia, num ciclo que pode parecer infinito, mas que, incrivelmente, dura apenas 24 horas!

Pensar assim é muito consolador para os que sofrem, mas, para os que vivem em um conto de fadas, pode ser assustador.

Não me assusto com essa hipótese, pois boa ou ruim, isso sempre acontece. De qualquer forma, querendo ou não, vou poder recomeçar e tentar fazer com que o meu Hoje de agora seja bem melhor do que o Hoje que passou.

Quem não passa nunca sou eu!

A cada Hoje continuo sendo eu, melhor ou pior, triste ou alegre, encarnada ou desencarnada, porém única. E com muitas histórias para contar...

Prefácio

Aqueles dias eram fantasticamente claros. Um detalhe que ficou marcado em minha memória. Havia luminosidade abundante, com sol, calor, suor, risos. E muito carinho e proteção também.

Como hoje eu poderia analisar o que sentia naqueles dias, nos quais predominava a inocência, sem saber a sutil diferença entre o que é ter e não possuir, ser e não perceber, estar e não permanecer?

Qual era o estado em que me encontrava com sete anos? De pura felicidade, resplendor, amor, carinho, de filha querida – ou de profunda preparação para o que viria acontecer?

Foi a melhor época da minha vida, pois tinha tudo, tudo de que realmente precisava: eu estava viva!

Qual o verdadeiro valor de estar em família, de ter um lar, uma mãe, um pai, uma irmã, uma cachorrinha, um sofá, uma flor para cuidar, um biscoito para comer, um tapete para brincar com aqueles adoráveis cacarecos?

Qual a nota que se pode dar à importância que tem para uma pessoa ter com quem compartilhar suas aflições, seus medos, seus conflitos, seus sonhos, suas brincadeiras, suas gargalhadas, suas lágrimas?

Afinal, qual o valor do indivíduo dentro de sua família? E de que maneira cada um, com seu comportamento, pode influir na felicidade dos demais?

A mãe, o pai, o filho: quem interfere mais na felicidade do grupo? Todos? Nenhum? A mãe ausente ou devotada, o pai equilibrado ou doente, filhos responsáveis ou desajustados, a droga, o álcool, os prazeres, as paixões, os vícios? Em quem o mal se instala dentro de um lar para acabar com a harmonia, com a paz, com a alegria das pessoas?

Alguém na cama, doente do corpo, talvez prejudique menos que o fisicamente sadio, mas doente de alma e espírito...

Cada qual com sua resposta, com sua responsabilidade, com suas dificuldades, mas todos com seu valor – único e inestimável.

E posso afirmar que, por mais que pareça injusto este conceito, cada indivíduo dentro de uma casa, de um lar, de uma família, tem exatamente o mesmo valor, embora uns possam parecer melhores ou piores do que outros. Perante nosso Pai, no entanto, sempre temos a mesma importância!

Eis por que muitas vezes as pessoas sacrificam seus sonhos, saem de seus caminhos para ajudar o outro a se encontrar, sem pressa. Apenas aguardando o dia em que todos possam estar juntos novamente, com os mesmos merecimentos.

Mas... Quem somos para mudar o destino do outro, se assim não estiver escrito?

Deixando de lado minhas divagações, conto agora um pouco de minha passagem por aqui.

Boa leitura!

Capítulo 1

Éramos eu, papai e mamãe. Eu, Dandhara; papai, Ivan e mamãe, Aurora.

Morávamos num bairro simples, vizinhança amiga, pessoas queridas de uma cidadezinha praiana.

Viver por ali era muito gostoso, talvez porque fosse o único lugar que eu conhecia e isso fazia com que fôssemos praticamente uma só família.

Nasci naquele lugar, morei sempre na mesma casa e passei minha infância na companhia das mesmas crianças.

Tínhamos muita diversão ao nosso dispor. Também pudera, já que contávamos mais de 30 crianças, fora os cachorros, gatos, passarinhos e algumas mães que se desdobravam para que nossa infância fosse mais feliz e saudável.

Um detalhe interessante do local é que quase todos os quintais eram grandes, cheios de árvores frutíferas – o que nos garantia frutas deliciosas e variadas o ano todo.

Éramos uma grande família – com várias mães, vários irmãos, várias casas. Não poderia me esquecer de listar minha adorável cachorrinha, a Cacá, um pequeno xodó de minha infância.

Morávamos numa bela casa. Foi papai mesmo quem a construiu, contando com as ideias criativas da mamãe. Do lado de fora, havia pedras nas paredes e na calçada. Dentro, mantínhamos um imenso jardim com flores coloridas.

A parte interna era composta por uma linda sala, dois quartos, um banheiro e uma cozinha confortável e espaçosa. A decoração tinha a cara da minha mãe, que era caprichosa e enchia a casa de flores, toalhinhas, enfeites, quadros e vasos.

Tudo isso me causava muito orgulho, porque toda aquela beleza fazia parte da minha vida. Era a minha casa, e eu fazia questão de mantê-la sempre bonita e arrumada.

Mamãe vivia me dizendo que a ordem do lar refletia a ordem das nossas vidas – com isso na cabeça, eu fazia a minha parte.

A sala era o local predileto de passarmos o tempo. Tinha um grande espelho na parede e uma cesta de frutas na mesa, que mamãe sempre enfeitava com bananas, laranjas e outras frutas das quais nunca me lembrava dos nomes, mas adorava os sabores. Nessa cesta ela também costumava colocar arranjos, com lindos buquês que fazia com as flores colhidas no nosso jardim.

O sofá era discretamente estampado e combinava com o tapete. Na parede, um grande quadro de paisagem me levava sempre para algum lugar muito especial na hora das histórias que mamãe contava.

Aliás, este era um dos grandes orgulhos da minha vida: ser filha da dona Aurora, a grande contadora de histórias!

Capítulo 1

Aurora: esse nome, por si só, já refletia sua alma. Ela simplesmente foi a criatura mais doce, paciente, amorosa e criativa que conheci em toda a minha existência.

Enquanto eu ainda era pequena, ela me contava lindas histórias, todos os dias. Claro, às vezes até permitia que Cacá participasse desses momentos tão especiais, o mesmo não ocorrendo com meus amigos. Sentia que as outras crianças não levavam a sério as histórias de mamãe – não tanto quanto eu. E esses valiosos momentos, se não tivessem a devida concentração, deixavam de ser tão mágicos como eram para mim.

Isso me dava um bocado de trabalho, ter de distrair todas aquelas crianças, que também adoravam escutar as histórias da mamãe, sempre no mesmo horário. Aliás, esta era a outra grande virtude dela: a disciplina. Ela tinha o hábito de cumprir todas as tarefas de casa até a hora do almoço e quando acabava de arrumar a cozinha, sentava-se na sala para me dar total atenção.

Até que um dia tive a genial ideia de dizer aos meus amigos que, depois do almoço, eu e mamãe estávamos nos acostumando a dormir por uma hora e que ela já não tinha muita coisa mais para nos contar...

Quando falei a ela sobre este plano secreto que resolveria todos os meus problemas, mamãe abraçou-me e concordou rindo, dizendo:

– Filha, se você prefere assim, por mim tudo bem. Escolheremos outro horário para chamar os seus amigos. Que tal?

Com o tempo, mesmo reclamando, as outras crianças foram se acostumando e então, finalmente, conquistamos o sossego necessário para ficarmos sozinhas ao menos algumas horas por dia.

Bem, na verdade essas horas também se estendiam um pouco, porque comecei a ajudá-la na casa e na cozinha para que acabasse mais cedo o serviço doméstico. Conforme a minha disposição do dia, sobrava-nos muito mais tempo para curtirmos juntas aqueles inesquecíveis momentos.

Mamãe certa vez mencionou que tinha o dom de criar, mas que eu tinha um dom ainda mais precioso, que era o de resolver, de simplificar. Não entendi na época o que ela quis me dizer com isto:

resolver, simplificar. Disse-me que as pessoas adoram complicar a vida, mas que ela poderia ser bem melhor se usássemos a imaginação e a criatividade. Entretanto, poderia ser bem melhor ainda se também soubéssemos usar o dom da resolução, de encontrar saídas rápidas, de sermos ligeiros e espertos para vivermos de uma forma agradável, sem que as pessoas invadam nossas vidas e nos privem daquilo de que mais gostamos. Mas deixou claro também que tudo isso deveria ser usado somente para nosso benefício e das pessoas que amávamos – jamais para prejudicar a vida alheia ou tirar proveito de qualquer situação.

Hoje consigo entender o que ela quis me dizer naquele dia, mas confesso que, com seis ou sete anos, apenas tive a grande sorte de ter gravado todas aquelas palavras na memória.

Mas meu grande orgulho mesmo era minha casa: sem dúvida a mais bonita daquela cidadezinha. Tinha o melhor acabamento, os melhores móveis e meu quarto era delicadamente decorado com pequeninas flores cor-de-rosa.

Desfrutávamos de conforto e beleza. Certa vez, isso chegou a tanto que até me intrigou quando, numa brincadeira, meus amigos apontaram minha casa como a mais bonita, insinuando também que eu seria a mais rica entre as crianças.

Então comparei minha casa com as dos meus amigos, e me dei conta de que ela realmente se destacava das outras. Perguntei à mamãe o porquê, já que nossos pais trabalhavam juntos na pescaria. Quis saber também a razão de as outras crianças não terem tantos brinquedos nem tantas roupas.

Mamãe me explicou que nosso conforto era fruto do dinheiro que papai tinha recebido da venda de um comércio que tivera no passado. Lá, havia ganhado um bom dinheiro antes de se tornar pescador, oferecendo suas economias para que a mamãe, que era sua noiva, guardasse para quando se casassem.

A vida das demais famílias não era exatamente de pobreza, mas havia uma forte diferença entre nós. Isso não nos causava nenhum incômodo, porque nos acostumamos desde o início com essa diferença.

No entanto, havia um quesito em que eu, silenciosamente, perdia para todos os meus amigos: o do amor paterno. Mas isso fica para depois.

Eu completava seis anos e já estava ansiosa para ir à escola. Sim, uma escola improvisada, mas com uma adorável mestra, a dona Sílvia. Solteira, sem família, muito rica e bondosa, ela dedicava seu tempo na alfabetização das pessoas daquela pequena cidade. E fez de sua casa um local de estudo para todos, já que ali não tínhamos uma escola propriamente dita.

E então mamãe me levou até lá para conhecermos o lugar. Ficamos encantadas, pois ela tinha construído as instalações ao lado de sua imensa casa.

Havia quatro salas bem grandes. A primeira era uma gracinha, preparada para as crianças, com letras coloridas na parede, uma grande lousa e várias cadeiras com mesinhas.

A segunda era mais jovial, tendo somente alguns detalhes coloridos e um grande vaso de plantas num dos cantos, o que conferia um verde todo especial para aquele ambiente.

A terceira sala era a maior: tinha muitas cadeiras e poucos detalhes de decoração. O que saltava aos olhos era a jardineira da janela, que coloria o lado interno da sala com pequenas flores multicoloridas. Essa era a sala dos adultos.

A quarta sala era a mais silenciosa e serena, ficando no final do corredor. Aquela se destinava apenas para leitura e pesquisa – Dona Sílvia a chamava de biblioteca. Eu e minhas amigas nos divertíamos falando esta palavra tão engraçada: biblioteca. Mas aquele era o local predileto da mamãe, pois ela e a professora ficavam horas discorrendo sobre livros, fábulas e contos, assunto tão apreciado por quem adora literatura.

Lembro-me de mamãe ter me dito que havia aprendido a ler e escrever com seu pai, pois na sua época não eram todas as mulheres que tinham acesso à educação. Todavia, vovô fez questão de ensiná-la.

Já a professora Sílvia era alma bondosa e paciente. Pela manhã ensinava as crianças, à tarde recebia os adolescentes e, à noite, cuidava dos adultos. Ela havia perdido os pais numa tragédia e, depois do ocorrido, acabou herdando uma grande fazenda da família. E, como nunca encontrou um companheiro para compartilhar sua vida, resolveu vender as terras e dedicar seu tempo e dinheiro em favor dos humildes, ensinando as pessoas daquela cidade a ler e escrever. Mas ainda assim estava à espera do homem da sua vida, aquele para quem guardava todo seu amor.

Essa história mamãe me contou durante o caminho de volta daquele passeio em que fomos conhecer a escola. Ouviu essas palavras da própria professora e quando terminou de me falar, percebi que estava bem emocionada, pois mamãe era romântica e adorava conhecer corações, principalmente corações apaixonados ou à procura de grandes histórias de amor e paixão. E disse-me ao final:

– Deus há de escutar os apelos de Dona Sílvia e mandar-lhe um cavalheiro muito carinhoso para abrigar seu coração.

Os dias passavam bem rápidos, pois tínhamos muitas coisas para preencher o tempo. Logo bem cedinho, brincávamos na praia enquanto nossos pais trabalhavam.

Eu adorava observar papai pescando com aqueles outros homens, porque sentia que ele era sempre o vitorioso, sempre pescava mais. Quando acabava a pescaria, aqueles homens vinham em nossa direção, nos abraçando e nos beijando; só depois seguíamos todos juntos para nossas casas, que eram bem perto umas das outras. Naquele caminho de volta, lembrávamos que tínhamos pai e que isso era o mais importante.

Eles vinham nos contando sobre as proezas da pescaria daquele dia intenso de trabalho; cada um com seu desafio e sua vitória, deixando escapar os claros e óbvios exageros!

Mas, para minha tristeza, isso se passava somente com meus amigos – nunca comigo.

Quando os pescadores vinham de encontro aos seus filhos, papai desviava de mim. Eles caminhavam com suas crianças falando sobre a pescaria e eu disfarçadamente ficava ao lado de papai, interrogando-lhe discretamente; ele apenas acenava com um "sim" ou "não" com a cabeça. Uma sensação de estar no lugar errado, com a pessoa errada e no tempo errado se apoderava de mim nessas horas.

O que me aliviava eram as lambidas que minha cachorrinha Cacá me dava quando percebia que eu estava triste.

Papai era um excelente pescador, mas não gostava muito de conversar e parecia estar sempre aborrecido. Mamãe dizia que ele andava muito cansado, que trabalhava demais e por isso não nos dava atenção. Ficava dias sem se dirigir a mim e isso me dilacerava por dentro. Parecíamos estranhos dentro da mesma casa.

Apesar de tudo, eu mantinha um grande desafio diário: beijar o papai. Muitas vezes conseguia, mas confesso que, na maioria delas, falhava.

Sempre esperava a hora em que ele se sentava para jantar ou quando se deitava, porque ficava mais fácil de alcançar seu rosto. Mas quando ele percebia que eu estava indo em sua direção, esquivava-se rapidamente; parecia uma guerra silenciosa, que me deixava extremamente angustiada.

Era traição, eu pensava. Porque ele era muito mais alto, e quando se levantava ficava impossível de chegar até ele, a não ser que...

Foi nisto que pensei da última vez que perdi a luta: não perderia se o agarrasse pelo pescoço, fazendo com que ficasse constrangido e permitisse que eu o beijasse.

Esperei ansiosa pelo próximo dia. Estava radiante. De agora em diante todos os dias eu conseguiria beijá-lo, desde que usasse toda minha força – esse era o caminho e pronto.

E então aconteceu: papai e eu chegamos da pescaria. Fui correndo lavar as mãos e escutei que ele resmungava algumas palavras com mamãe – então percebi que tinha sentado para comer.

Rapidamente me aproximei dele e, antes que conseguisse se levantar, agarrei seu pescoço. Talvez eu o tenha machucado, pois apertei minha boca em seu rosto, já comemorando o mais vitorioso de todos os beijos. Até que ele se zangou de verdade. Ficou apreensivo, confuso de raiva, e apertou meus braços com muita força, desvencilhando-se de mim e me jogando para trás.

Olhou bravo para mamãe e disparou:

– O que é que deu nesta garota? Ficou louca?

Bateu as duas mãos na mesa, levantou-se e entrou no quarto, batendo a porta com força.

Naquela hora uma dor profunda me atingiu o coração e, mesmo tentando disfarçar, comecei a chorar.

Mamãe, atordoada com o que havia acontecido, puxou-me em seu colo e me beijou sem parar. Para completar, Cacá resolveu me lamber também, já que esse era sempre o jeito que ela encontrava para me alegrar.

Até que minhas lágrimas começaram a cessar, talvez por causa do amor por mim que as duas demonstravam ali, provavelmente para compensar o que havia acontecido.

Já melada, entre lágrimas, lambidas e beijos, deitei-me no colo de mamãe, sentindo seus carinhos em meu rosto, como de costume. E, com a voz ainda mais doce e suave, disse-me carinhosamente:

– Perdoe, filhinha. Ele ama você, só que do jeito dele, pois não sabe fazer de outra maneira, nunca aprendeu.

Para me defender, tentei argumentar:

– Mas eu não fiz nada, mamãe, eu não fiz nada. Só queria beijar o papai...

Sem deixar que eu me derramasse em prantos, ela começou a mais triste de todas as histórias que já havia me contado.

Capítulo 2

Há muitos anos, vivia em um certo vilarejo uma família extremamente rica, que possuía muitas terras, muito poder, muito dinheiro. Essa família detinha também grande prestígio na sociedade daqueles tempos. Era formada por um casal e três filhos. O pai tinha herdado a fortuna de sua família e a mãe, um sobrenome de prestígio, perfazendo assim uma união poderosa naquela região.

Os anos foram se passando e o pai, por ignorância ou falta de formação, gastava muito mais do que ganhava, esbanjando dinheiro sem qualquer controle ou equilíbrio. Por não ter o que fazer, entregou-se também ao vício da bebida.

A esposa, por sua vez, lançou-se à vaidade sem limites, dominada pela ânsia de ser a mais bela entre as mulheres. Dessa forma, travava uma luta sem fim entre a idade e a aparência, já que dispunha de tempo, ou melhor, de todo o tempo para comprar, cuidar e investir em seu corpo e em adornos para que sua beleza fosse total e inquestionável. Se lhe sobrava algum tempo, ainda assim o entregava à exibição e ao orgulho de sua forma – esse era seu maior prazer.

A luxúria, a futilidade, o artifício e a vulgaridade eram suas amigas inseparáveis. Com toda essa preocupação consigo mesma, a mulher acabou delegando os deveres da maternidade aos empregados da casa, uns bons, outros nem tanto. Mas a educação dos filhos não importava muito para aquela mulher, ou quase nada. Receberam, então, uma educação confusa e sem base sólida. Foram crescendo entre a riqueza, a carência, os vícios e os devaneios dos pais. Não receberam informações úteis, conceitos dignos, princípios. Em contrapartida, também cresceram com muitas facilidades materiais, muitos privilégios, muitos mimos...

Chegou o tempo em que o filho mais velho completou 18 anos e o pai, mais do que depressa, o colocou à frente dos negócios para que tentasse reverter aquela situação de decadência.

Apesar do tamanho da fortuna, a falta de planejamento e de experiência foi minando os negócios da família, apesar dos esforços do filho mais velho. Mas, antevendo que o caos seria inevitável, resolveu passar para seu nome uma quantidade considerável de bens, cuidando de garantir seu próprio futuro.

Com esse desfalque, os negócios foram se deteriorando ainda mais depressa. Foi então que o primogênito resolveu mudar-se para bem longe dali – claramente para não se envolver com a possível falência familiar.

Pilhados e abandonados pelo filho mais velho, o casal se virou para o filho do meio, que agora já alcançava a maioridade, e passou a lhe dar incumbências a respeito dos negócios. Este, dentro de suas limitações, conseguiu piorar ainda mais a situação pois, do pai, herdara o vício da bebida e, da mãe, a vaidade. Do irmão que havia fugido, copiou irresponsabilidade e falta de caráter.

Em dois ou três anos, a família chegou mesmo à falência total, expondo-se a enormes e intermináveis dívidas. Passaram, então, a serem perseguidos pelos credores. Até que o filho do meio também resolveu se safar daquilo tudo e abandonar a casa, deixando a família à mercê dos inimigos.

O irmão mais novo, naquela época com 15 anos, viu tudo com profunda revolta e frustração, já que os pais nunca ouviam seus alertas sobre as dívidas que os irmãos faziam. Isso deixava evidentes a revolta e o ressentimento gratuitos dos pais para com ele.

Até que o caçula aceitou toda aquela situação e passou a cuidar dos pais apesar de, em troca, receber como pagamento descaso e revolta, expressados pelos genitores por meio de críticas, humilhações e muitas vezes até com violência física. O pai praticamente não ficava mais sóbrio e a mãe, sem o luxo e o dinheiro a que estava habituada, ficava cada dia mais histérica.

Da família outrora poderosa e próspera, só restara o filho mais novo, o pai e a mãe, esta última quase enlouquecida com a pobreza e a falta de recursos para se embelezar. Falavam em se matar, em maldição e em muitas outras loucuras sem fim. E, diante de tudo isso, o rapaz teve que superar seus limites e arcar com a responsabilidade de cuidar daqueles dois perturbados.

Com o passar dos anos, aquela família ia de mal a pior. Por mais que o filho caçula trabalhasse duro para sustentá-los, ainda tinha de suportar a ingratidão paterna. A situação estava ficando insustentável para os ombros daquele rapaz. Diariamente era amaldiçoado pelos dois, sendo responsabilizado pela falência familiar.

Até que um dia houve uma terrível briga entre os três, em que predominaram o ódio, o ressentimento, as mágoas, a dor e a miséria daquelas almas. Já cansado das humilhações e explorações que vinha sofrendo, o rapaz – em fúria – resolveu dar um basta na situação e simplesmente saiu de casa, sem se importar com mais nada, nem como os pais viveriam sem seu dinheiro e seu apoio.

Via-se no direito de agir assim, pois seus irmãos nunca contribuíram positivamente com os pais e nunca mais deram notícias – mesmo porque o mais velho deveria estar rico ou, ao menos, confortavelmente amparado pelos bens que havia roubado da família.

O filho mais novo estava exausto. Já não tinha forças para suportar tanta crueldade e desamor de seus pais. No entanto, sabia que já havia feito sua parte: durante anos tinha sustentado os pais, cuidado deles e feito de tudo para os dois. Mas tanta loucura e ingratidão fizeram-no desistir de ser um bom filho e ir embora, abandonando aquela vida desatinada.

Então foi à luta: trabalhou duro, começando como servente de pedreiro, passando por diversas funções e empregos, até que chegou ao cargo de vendedor. Percebeu que tinha talento para vendas e principalmente o respeito das pessoas, pois era um homem honesto, responsável e muito trabalhador.

Foi amadurecendo e ganhando espaço na vida. Estava trabalhando já há algum tempo em uma loja quando uma crise se abateu sobre o negócio. De repente, o proprietário desistiu de tentar recuperar as perdas e decidiu vender o lugar. Surgia então a grande chance para aquele rapaz, e ele não a desperdiçou, comprando a loja.

Com o suor do rosto, o rapaz deu a volta por cima e começou a se firmar naquele ramo. Mantendo uma vida simples, sem desperdícios ou atividades supérfluas, passou a ganhar dinheiro para realizar seu grande sonho: buscar seus pais para viverem juntos novamente. Agindo assim, acabou por se tornar um comerciante bem conceituado.

Tentou ser feliz, reconstruir a vida sem os pais, sem uma família, mas percebeu que isso era impossível. Finalmente decidiu que chegara a hora de resgatar o sofrimento do passado. A revolta passou e, pelo bom coração que tinha, voltou para buscar os pais e lhes oferecer uma vida mais digna, longe daquele lugar onde foi criado.

Já tinha recursos suficientes para manter a vida dos três – ele, o pai e a mãe – com segurança e conforto. Então decidiu voltar ao antigo lar e resgatar os pais da pobreza.

Infelizmente, o destino não estava ao seu lado. A mãe, contaram-lhe, havia sumido depois de mais uma briga com seu pai; sumiu sem deixar notícias ou pistas. O pai, por sua vez, acabou como mendigo, perambulando sem rumo pelas ruas.

Desesperado, aquele homem ainda assim saiu em busca dos pais. Entretanto, por mais que procurasse, não encontrou nenhum vestígio do seu paradeiro. Depois de muita procura, aceitou que talvez estivessem mortos. Inconformado com o fracasso do seu empreendimento, voltou para sua cidade e lá se estabeleceu novamente.

Frustrado, mergulhou com afinco no trabalho – fato que lhe rendeu ainda mais dinheiro. Tentava esquecer desse dramático episódio se afundando no dia a dia duro das finanças. Era curioso também o fato de que, durante todo o tempo em que passara naquela cidade, não havia conquistado nenhum amigo. Sua dor era tão profunda que nenhum ser jamais havia penetrado naquele coração solitário.

Até que um dia, sentindo-se entediado com o que fazia, cansou de lidar com pessoas, largou seu comércio na cidade e decidiu abraçar a profissão de pescador. Em seu íntimo, acreditava que podia ser mais feliz se passasse o dia pescando, sem ter de conviver nem dar satisfações a ninguém. Vislumbrou como um exílio a solidão dos dias em alto-mar – no fundo, era mais uma fuga em sua vida.

Assim fez: vendeu a loja, pegou o dinheiro que vinha acumulando durante anos e se tornou pescador. E, ao contrário dos seus novos colegas de profissão, fazia questão de não ter amigos, nem se aproximar de ninguém.

Dois motivos o levaram a ser assim tão frio e insensível na presença de seus companheiros de trabalho:

Primeiro porque guardava uma angústia muito grande no coração e isso o tornava amargo.

O outro motivo era sua educação e condição social. Fora criado como uma pessoa rica e, apesar da falência dos pais, conquistou uma condição financeira estável com muito trabalho e suor. Isso naturalmente o distinguia dos demais. Julgava-se melhor e mais inteligente do que os outros. Sentia-se mais competente e, de fato, na área profissional, em pouco tempo, viera a ser um pescador bem-sucedido.

Pena que isso não lhe trouxe reconhecimento, tampouco amizades verdadeiras dentro do grupo ao qual pertencia. Pelo contrário, inspirava aversão nos companheiros, pois era um homem arrogante, convencido e antipático – e fazia questão de ser assim.

Na sua caminhada de vida, entretanto, ainda iria receber muitas dádivas. Certa vez, voltando para casa, conheceu uma moça. Estava muito cansado naquele dia e resolveu parar para descansar. A garota aproveitou sua parada e se aproximou. Logo perceberam que estavam estranhamente atraídos um pelo outro. Tanto ele quanto ela jamais haviam se interessado por alguém – até aquele momento. Foi quando os dois se apaixonaram perdidamente.

Foi, como se conta nas histórias românticas, amor à primeira vista. Até os hábitos arredios daquele homem foram modificados por esse sentimento. Ele, que era maduro e tinha passado toda sua vida fugindo de qualquer tipo de relacionamento, amizade ou convívio social, entregava-se totalmente a esse amor e só a ela confidenciava seus sentimentos mais sinceros e profundos.

Os dias passaram rapidamente e eles, que continuavam a se encontrar, aprofundavam-se no bem-querer um do outro. Já falavam de casamento, de filhos, de planos para a vida toda. Foi uma época de muita paixão e entrega.

O amor, que parecia crescer entre os dois, de repente começou a definhar sem nenhuma explicação. Aquele homem, que há poucos meses estava radiante e aberto de coração, mudara seu comportamento, passando a sofrer calado e a se retrair novamente. Era como se ele não pudesse amar. Como se não fosse permitido, direito, justo ou possível de isso acontecer.

A moça, que o amava muito, com muita paciência e resignação, conseguiu manter o namoro até o dia em que os dois se casaram.

Foi preciso muita dedicação e perseverança para que ela pudesse suportar aquele homem, outrora tão carinhoso, mas que naquele momento se mostrava amargo e distante. Seu coração, todavia, era extremamente sensível e ela resolveu continuar ao lado dele, pois conhecia e admirava suas qualidades.

Mas, mesmo assim, o rapaz parecia resistir à felicidade e ao amor. E então ela compreendeu que o medo e a culpa de ser feliz foram as únicas heranças que sua família lhe deixou...

Totalmente absorvida pela história que mamãe acabara de contar, fiquei sensibilizada pela história do tal homem. Quando olhei para ela, vi que estava chorando.

Foi quando percebi que essa triste história de amor era real e que esse homem e essa mulher, tão infelizes em suas existências, eram papai e mamãe.

Abracei-a com muita força e ali permanecemos mudas, sentindo profundamente aqueles momentos de compaixão por papai e por meus avós paternos, que acabaram num final tão infeliz.

Capítulo 3

E ra setembro. Mamãe estava grávida de oito meses, e tudo indicava que minha irmãzinha nasceria no mesmo dia que eu. Pelo menos torci por isso durante os nove meses de gestação de Clarinha.

No dia do meu sétimo aniversário, mamãe parecia que ia explodir. Preparou uma bela festa para mim, com doces, bolo de chocolate – aliás, o meu favorito – e muitos salgados deliciosos, estes últimos preparados por dona Cirina, nossa vizinha.

No exato momento em que eu, papai, mamãe e meus amiguinhos cantávamos o "Parabéns", mamãe começou a sentir as dores do parto e se sentou. Fiquei muito feliz, pois alguém tinha ouvido minhas preces: minha irmãzinha ia mesmo nascer naquele dia.

Ajudamos mamãe a se acomodar e, correndo, voltei à mesa, soprei as velinhas e agradeci a Deus, pois ainda ia dar tempo de o nenê nascer naquela data tão esperada.

Clarinha nasceu às 22 horas e, como era de se imaginar, foi o maior presente que eu já havia ganhado em toda a minha vida.

Aquela noite papai passou com mamãe no hospital. Eu fui para a casa de Dona Cirina, ainda que a contragosto, pois queria arrumar a sala, guardar o bolo e colocar as flores na mesa para que, quando Clarinha chegasse, não encontrasse nada fora do lugar.

Com tudo isso na cabeça fui ficando aflita e impaciente até que Dona Cirina, percebendo meu estado, com muita paciência e carinho, voltou comigo até nossa casa para "arrumar a sala". Incrível como certas coisas que parecem pequenas podem, aos nossos olhos, tornar-se tão importantes, tamanho o valor que damos a elas.

Aquele vaso com flores na mesa e o chão brilhando faziam me acreditar que minha sala era a mais bela de todas – para mim ela realmente era a mais bonita de todas.

Fiquei decepcionada quando papai chegou sozinho do hospital, explicando-me que mamãe viria somente depois de dois dias. Coitado do meu pai: não conseguiu dormir enquanto não me detalhou todos os pormenores sobre a minha recém-chegada irmã Clarinha. Ela sorriu?, eu perguntava. Falou alguma coisa? Estava triste? Era loira ou morena? Qual o tamanho da sua boca, a cor dos olhos? Eu não dava espaço: parecia comigo? Quanto pesava? Quanto media? A voz era fraca ou forte? Ela já se levantava sozinha? Perguntou por mim?

Imagino que responder a todas essas perguntas deve ter sido um grande sacrifício para ele, mas seria pior se tivesse que ficar me ouvindo falar sem parar, já que estava eufórica.

Passados aqueles dois intermináveis dias, finalmente elas chegaram a nossa casa. Para mim, aquela foi a mais bela cena que já tinha visto: mamãe entrando em casa com um vestido rosa muito claro, grandes botões na frente, cabelos longos caídos de um lado só e aquele lindo bebê nos braços, com uma roupa muito delicada, amarela e branca. Clarinha vinha envolta num xale maravilhoso que mamãe fez para mim e que agora era, com todo prazer, da minha querida irmãzinha.

Fiquei tão emocionada naquele momento que comecei a chorar e caí nos braços da mamãe. Ela se agachou e, no outro braço em que estava todo o cabelo, apertou-me, dizendo palavras lindas de amor e saudade.

Vivemos um lindo, mas curto período que se eternizou em minha memória.

Eu ficava horas observando mamãe cuidar da Clarinha.

Enquanto isso, eu a imitava cuidando da Cacá, que parecia adorar ser um bebê. Repetia tudo o que mamãe fazia: dar de mamar (para isso mamãe improvisou uma pequena mamadeira para Cacá), fazê-la dormir, cantar para que ela parasse de chorar. Aquilo tudo era maravilhoso, pois eu podia compartilhar com mamãe aqueles momentos tão especiais.

Nessa toada se passou um ano e, vendo minha dedicação e zelo com minha irmãzinha, mamãe começou a delegar alguns afazeres para mim.

Sob meus olhos Clarinha sorria, parava de chorar e, apesar de só eu ouvir, lembro-me muito bem de quando ela conversava comigo.

Naquele ano nosso aniversário foi fantástico. Mamãe fez uma grande festa para nós. Tinha dois bolos, um cor-de-rosa com enfeites brancos e outro branco, com enfeites cor-de-rosa. Na mesa, mamãe colocou balas, bombons e enfeites – tudo em tons rosa e branco. Não consegui descobrir se o rosa era para mim ou para Clarinha, ficando com medo de perguntar para mamãe e não gostar da resposta.

Mas, como Clarinha ainda não podia escolher sua cor preferida, sugeri a ela que escolhesse o branco. Não sei se ela aderiu, mas ao menos fiquei tranquila, sabendo que todos os itens cor-de-rosa da festa eram os meus. E então mamãe nos chamou para colocar as velinhas nos bolos.

Havia crianças de todas as idades e tamanhos, do zero aos 12 anos. Ali qualquer criança era bem-vinda, já que nossa carinhosa reunião era para turmas de duas idades diferentes.

Foi a festa mais gostosa da minha vida. Até a animação dos adultos era visível, pois todas as mães que ali estavam resolveram brincar também, tornando nossas brincadeiras ainda mais esfuziantes. Brincamos de corrida, adivinhação, pique-esconde e muitas outras coisas. Foi tudo muito animado e divertido.

Para alívio meu, nenhum pai participou da festa. Hoje, acredito que tenha sido proposital o que mamãe fez, chamando somente crianças e mães. Talvez ela estivesse querendo evitar algum constrangimento ou aborrecimento – nada mais do que o esperado, considerando-se a natural sabedoria de mamãe.

E chegamos a dezembro daquele ano. Mamãe pôde diminuir seu ritmo de trabalho, pois aquela adorável garotinha resolveu nos dar um pouco de sossego.

Mamãe reiniciaria o que eu mais apreciava: aquelas tardes com as inesquecíveis histórias contadas no tapete da sala, em meio a todo seu carinho e imaginação.

Nossos dias tinham finalmente se tornado perfeitos. Depois do habitual sono de Clarinha, depois do almoço, mamãe nos transportava para seu campo de cores, sons e lindas paisagens.

Essa era a melhor parte da minha vida. O mundo parecia que iria parar, ao mesmo tempo que minha imaginação me levava a lugares mágicos e surpreendentes.

Não escutava nenhum outro ruído, mais nada, só a doce voz da mamãe que me fazia mergulhar nos mais belos contos de fadas...

Tive poucas lembranças do meu pai nesta época. Ele chegava sempre muito tarde e resolvi amá-lo sem pedir retribuição, nem implorar seus beijos. Essa simples atitude tornou minha vida bem mais serena e tranquila, sem grandes desafios ou decepções. Depois de conhecer seu passado, passei a amá-lo ainda mais e mais.

Pela manhã, eu continuava a brincar com meus amigos na praia, geralmente de fazer castelos de areia. Imaginávamos até construir um grande, de verdade, que desse para todos morarem dentro.

Das brincadeiras, voltava com papai para casa, morta de fome. Almoçávamos e depois ajudava mamãe na cozinha, para que ela acabasse suas tarefas o mais rápido possível. Finalmente ficávamos tranquilas na sala, em companhia de Clarinha, que vinha despertando do seu sagrado soninho vespertino.

E a melhor parte chegava. Era hora de flutuar, dar asas à imaginação. Até hoje não sei como mamãe guardava tantas histórias na memória. Parecia ter uma enciclopédia na mente; quando eu pensava já ter escutado todas as que ela poderia narrar, lá vinha ela com uma mais surpreendente ainda.

Mamãe tinha uma voz tão suave e era tão meiga e paciente que, quando falava, transmitia paz e serenidade – mesmo que sua mensagem fosse dura ou triste. Havia uma compreensão, um modo positivo e angelical de enxergar as coisas, mesmo se tratando de sofrimento ou maldade.

Além de narrar as mais lindas fábulas da literatura universal, costumava também tecer enredos vindos da sua própria imaginação, que não ficavam atrás de nenhum título famoso. Muitas vezes, percebi que ela direcionava o rumo da história para algo que estivesse nos acontecendo no momento, buscando ensinamentos e lições para nosso dia a dia. Criava singelas narrativas de amor e de coragem a partir do nosso cotidiano, daqueles pequenos detalhes, daqueles acontecimentos corriqueiros que nos aconteciam.

Mamãe era excepcional. Ficávamos horas a escutá-la, imaginando as cenas, sempre descritas com precisão e habilidade.

Desde uma tenra paisagem até o sol, a lua, as estrelas, as flores, uma casinha simples, nada perdia seu valor. Cada pequena cena ganhava vida, como um fogão à lenha, um pássaro perdido, um cãozinho sem dono, uma nuvem carregada de chuva, uma família unida, uma criança sorrindo, um anjo da guarda. Aliás, eu adorava quando as histórias envolviam anjinhos, pois tudo ficava fascinante.

A diferença entre os contos de anjos e os demais era que, quando os anjos apareciam, até mamãe flutuava na imaginação. Muitas vezes percebi que ela narrava com os olhos fechados, como se fizesse parte da história. E como eram fantásticas suas exposições!

Guardo-as até hoje em minha mente, pois são lembranças de perseverança e fé, e contos assim devem receber o devido respeito. Mesmo que não percebamos, eles passam a dominar nossas vidas, alertando-nos e nos conduzindo para as surpresas que o cotidiano nos impõe de vez em quando.

Certo dia, às vésperas do Natal, mamãe estava brincando conosco na sala. Lembro-me muito bem deste momento: estávamos rindo das caretas que fazia; havia pipoca e suco no meio do tapete, que estava cheio de brinquedos. Em resumo, uma verdadeira bagunça naquela nossa tão estimada ordem.

Insisti para mamãe nos contar mais uma história e, mesmo hesitando, já que devia estar cansada – seria a quarta história naquela mesma tarde – começou mais uma, sempre encantadora e deslumbrante. Perdemos a hora e, sem que percebêssemos, já era quase noite e ainda estávamos envolvidas com aquela história.

E então aconteceu. Papai chegou em casa nervoso, xingando e batendo as portas, gritando frases e nomes que eu não conseguia entender. Eram coisas horríveis: palavrões jamais escutados em casa, ameaças, insultos. Não sei bem o que se passou; mamãe, assustada com o comportamento inesperado do marido, levantou-se do chão e pediu a mim:

– Leve Clarinha para o quarto e fique lá até que eu entenda o que está acontecendo.

Era a primeira vez que eu via papai daquele jeito.

E assim fizemos. Eu e minha irmã fomos para nosso quarto e ali ficamos, imóveis e assustadas. Por mais que eu tentasse, não conseguia escutar o que papai dizia à mamãe.

Naquela hora senti um arrepio muito forte, uma dor profunda no peito, uma sensação de que algo terrível acontecia e que não devia ser fácil resolver. Algo se perdia naquele instante e eu tinha certeza de que não seria fácil recuperar.

A dor que pressionava meu peito era muito forte. Encolhi-me. Ali, naquela fração de tempo, nossas vidas tomaram rumos que eu jamais poderia imaginar minutos atrás, enquanto mergulhava nas lindas cenas que mamãe nos descrevia.

Capítulo 4

Os dias se passavam. Nossa tranquila rotina agora estava perturbada pela presença constante e irritada de papai, que não ia mais à pescaria com os outros homens.

Não conseguia entender, mas, todos os dias, tínhamos que fazer silêncio para não irritá-lo ainda mais. Mamãe me parecia muito angustiada e eu e Clarinha, ao nosso modo, compreendemos que devíamos parar com nossas brincadeiras, com o barulho e a costumeira bagunça infantil dentro de casa.

Os dias ficaram longos e chatos para nós. Não tínhamos mais a mamãe por perto, pois parecia que seus pensamentos estavam vagando por algum lugar muito distante, em que não podíamos estar também.

Naquele ano, o Natal e o Ano-Novo não tiveram o mesmo fascínio de outras épocas – muito menos as festas e os presentes aconteceram da forma a que estávamos acostumadas. O clima em casa estava ruim e desconfortável; mamãe preocupada com papai e, consequentemente, com nosso futuro.

Quebrando todos os nossos costumes, ficamos sozinhos naqueles dias festivos, dias que anteriormente eram desfrutados junto da vizinhança e, especialmente, das crianças do local – e era pura festa. Mesmo quando papai insistia em não participar, a gente ainda se divertia muito na praça, onde todos se uniam, cada um com seus comes e bebes, e comemorávamos juntos quando chegava a tão esperada meia-noite.

Naquele ano, mamãe não me explicou a razão de termos deixado de ir à ceia da praça, mesmo sem papai, como sempre fazíamos. Disse que ainda era muito cedo para me envolver nesses problemas de adultos. Diante do fato, não queria aborrecê-la ainda mais, e fiquei quieta, esperando para saber nos dias seguintes como tinham sido as festas mais esperadas e deliciosas do ano.

Aos poucos, fui notando que nossas refeições passaram a ficar cada vez mais escassas e ralas. Quando mamãe ia nos servir, percebia uma profunda tristeza em seu olhar.

Mas isso ainda não era o pior. Com o andar da carruagem, papai parecia piorar a cada dia, ficando mais irritado e agressivo.

Começou a frequentar um bar que havia em frente de casa. Voltava meio esquisito; começava a ofender a mamãe e, com medo, ficávamos ainda mais imobilizadas, parecendo que qualquer movimento nosso poderia piorar as coisas.

A contragosto de papai, mamãe começou a trabalhar em um mercadinho perto de casa, o que nos garantia ao menos as refeições. Por alguns dias, tivemos a triste experiência da fome sob disfarce, pois não se falava dela – apenas estava ali, entre nós. Quando terminávamos de tomar uma sopa rala que mamãe preparava, nosso estômago parecia não compreender que não viria mais nada depois, que nossa refeição era só aquilo: pronto e acabou.

Mamãe ia trabalhar às 9 horas e só retornava às 5 da tarde. Ela não podia mais estar conosco durante o dia, pois, na maioria das vezes, ficava sozinha tomando conta do mercado. Combinamos que eu daria uma passadinha bem rápida por lá, só para deixá-la tranquila e dizer que estava tudo bem. Eu aproveitava o soninho de Clarinha depois do almoço e para lá me dirigia com meus passinhos de criança a oferecer-lhe um beijo, um abraço, e voltar correndo para casa.

Papai acordava perto da hora do almoço; não trocava nem de roupa e já ia para o bar, rotina a que nós já estávamos nos acostumando. Ao menos sem a presença de papai nós podíamos brincar, espalhar nossos cacarecos pelo chão, falar alto e – momento raro – chegar até a nos divertir.

Ficávamos ansiosas pela chegada da mamãe, que voltava exausta do trabalho e nos beijava demoradamente. Disso eu me lembro muito bem: dos abraços e dos beijos que ela me dava ao acordar, ao sair, ao chegar e ao se deitar. Eram fortes e sinceras declarações de amor. Por vezes, ela me sussurrava ao ouvido:

– Te amo, filhinha. Tudo vai passar. Acredite em Deus! Pensando bem, mamãe era especial. Suportou firmemente inúmeras acusações absurdas de papai, sem retrucar nem responder aos ataques. Quando chegava em casa com as compras que trazia do mercado, fingia não sofrer com aqueles desaforos todos; piscava para mim, para que também eu não me importasse. Vivenciando juntas o mesmo drama familiar, eu e Clarinha fomos nos descobrindo e fazendo companhia uma à outra. De minha parte, cuidava dela com tanto amor e carinho que, aos poucos, a ausência de mamãe foi compensada por aquela linda e meiga garotinha.

Era como se, de repente, de filha única eu passasse a ser uma mãezinha. Era assim que me sentia. Orgulhava-me quando mamãe elogiava o capricho que eu devotava à nossa casa e à Clarinha. Seus elogios soavam como melodias para mim; ficavam vivos e pulsando em minha mente o dia todo... Depois das palavras de mamãe, todos os afazeres passavam a valer a pena, apesar do trabalho que papai me dava, sempre desarrumando e atrapalhando meu trabalho durante o dia. Mesmo assim, antes de minha mãe chegar já estava tudo arrumado e limpo.

No fundo eu sabia que, de alguma forma, estava colaborando para que ela não desanimasse e também continuasse a nos trazer aquelas deliciosas guloseimas que tanto adorávamos.

Vivíamos o início das aulas e as garotas da redondeza foram para a escola. A minha vez, no entanto, a tão sonhada hora em que eu começaria a estudar, ficaria para mais tarde. Entendi quando mamãe, com suas palavras habituais de carinho, me pediu para tomar conta de Clarinha, para que ela continuasse a trabalhar e a nos trazer comida.

Não sei ao certo o motivo, mas, aos poucos, minhas amigas foram sumindo. Nenhuma quis mais brincar comigo. Talvez papai as assustasse com seu jeito esquisito de se comportar; ou porque já não falávamos a mesma língua: àquela altura eu já mantinha obrigações, responsabilidades e também uma grande dor no peito...

Ninguém apareceu nem mesmo na festinha dos meus nove anos, quando mamãe preparou um bolo grande e muito bonito.

Só havia bolo – por isso mamãe caprichou no tamanho. Lembro que, na véspera, ela chegou do serviço, fez o jantar, arrumou a cozinha e ficou conosco até muito tarde na cozinha, esperando o bolo ficar pronto para podermos fazer a cobertura de brigadeiro.

Mas eu esperava que, à maneira de antes, minhas amiguinhas viessem para brincar e curtir a festa. Mas não houve ao menos uma que viesse até nossa casa... E cada vez entendia menos o que nos acontecia.

Felizmente, aquele meu aniversário não foi tão ruim assim, pois mamãe guardou uma bela surpresa para o final. Quando percebemos que ninguém viria, e já era tarde, resolvemos cortar o bolo. Por sorte, ele ficou mais gostoso do que qualquer outro – e tivemos sobremesa para a semana inteira.

Quando acabamos de comer, mamãe foi para seu quarto e nos disse para esperar, pois tinha uma surpresa. Então trouxe, para Clarinha, um embrulho bem grande, que ela tratou logo de rasgar e encontrar uma enorme boneca, quase do seu tamanho, que recebeu o nome de Naná.

Para mim mamãe deu um embrulho bem pesado, grande mesmo, que resisti em abrir, pois acabaria com a emoção de tentar descobrir o que era. Resisti por uns cinco minutos. Acariciei o pacote com os olhos fechados e tentei imaginar o que estaria ali dentro, tão próximo de minhas mãos e tão bem escondido que poderia tornar minha vida melhor. Sim, foi essa a sensação que tive quando vi aquele grande embrulho nos braços de minha mãe. Sabia, sentia que era algo muito bom, muito melhor que qualquer outro presente, era realmente muito especial. Cansada de tentar enxergar além do papel de embrulho, acabei por tirá-lo sem ao menos pronunciar uma única palavra, pois não queria me indispor com aquele tão precioso presente e muito menos ofendê-lo.

Aquele presente foi tudo o que eu mais queria ganhar e nem mesmo sabia: havia todo o material escolar que minhas amigas ganharam no começo das aulas! Livros, cadernos, um estojo completo, folhas, mais folhas e, por fora, um pequeno embrulho com um cartão. Com a minha curiosidade a mil por hora, tratei logo de abrir, sem ao menos tentar adivinhar o que trazia por dentro. Qual não foi minha surpresa quando me deparei com um lindo caderno, muito requintado mesmo, que trazia na capa um coração vermelho e, em letras douradas, uma palavra que mamãe leu para mim: Diário.

Já muito emocionada com tantas novidades, perguntei-lhe para que servia aquele caderno e como ela conseguiu dinheiro para comprar todas aquelas coisas. Mamãe, com toda aquela doçura, falou-me carinhosamente, acelerando minha felicidade naquele momento:

– Querida, você foi presenteada por Dona Sílvia, a diretora da escola, uma mulher de bom coração. Sabendo por suas amiguinhas que vocês duas fariam aniversário, mandou-me todos estes presentes logo pela manhã, antes mesmo de vocês acordarem. Saibam que ela é uma pessoa muito generosa.

E mamãe continuou:

– Como ontem dormimos tarde, não quis acordá-las muito cedo hoje. Por isso deixei a surpresa para quando estivéssemos todas juntas.

Depois daquelas palavras, mamãe pegou meu diário, colocou-o próximo ao seu coração e continuou serenamente:

– Por enquanto, filhinha, você vai guardá-lo, até que aprenda a ler e escrever. E então, quando chegar a hora, você vai poder expressar seus sentimentos e emoções, escrevendo no seu lindo diário.

Aflita para entender como faria isso, pedi mais explicações:

– Como assim? Expressar-me no papel...

Ela chegou bem pertinho de mim, olhou-me nos olhos, entregou-me o caderno e concluiu:

– Filha, eu quero dizer que, muitas vezes, queremos conversar com alguém mas não conseguimos... E então escrevemos. Escrever é muito bom, principalmente quando colocamos nossa alma no papel. O diário é isto: falar com a gente mesmo, ou com ele, que está à nossa disposição. Falamos das nossas alegrias, dos nossos medos... Enfim, de todos os sentimentos e acontecimentos especiais que valem a pena passar para o papel.

Muito entusiasmada, abracei mamãe.

– Mamãe, que bom tudo isso! Não esperava que pudesse ganhar tanta coisa assim.

E ela continuou:

– Filha, você ganhou hoje um presente realmente especial. Será muito útil nesta fase em que estamos passando agora, na qual não podemos gastar com nada que não for extremamente necessário. Por isso, receba este presente com muito carinho e cuidado. Agora poderá fazer como eu fiz, aprender em casa, até que chegue a hora de você poder frequentar a escola, assim como fazem suas amiguinhas.

Abraçando-me, continuou:

– Todas as noites, quando acabarmos de jantar, eu ajudo você, tá? Amanhã, quando eu chegar do trabalho, vamos até ela para agradecer pelos presentes e levar um pedaço de bolo. O que acha?

Com muito carinho, mamãe juntou todos aqueles materiais que eu havia espalhado pelo chão. Organizou tudo numa pilha e, quando ia jogar fora os papéis de embrulho, mostrou-me outra surpresa: um cartão.

Pedi, curiosa:

– Leia, mamãe, leia para mim.

> *Dandhara,*
> *Aprender a ler e escrever nos liberta deste mundo em que vivemos, cheios de limitações; nos proporciona possibilidades de flutuar em um mundo mais encantado, assim como a imaginação tão bem despertada em você por sua mãe Aurora.*
> *Acredito em você, e tenho certeza de que mesmo impossibilitada de frequentar minhas aulas neste ano, terá em breve mais esse aliado para encantar sua vida.*
> *Embora talvez tudo lhe pareça difícil, lembre-se querida: onde mora o amor, não existe lugar para a dor.*
> *Felicidades, Sílvia.*

Não compreendi muito bem o significado daquelas palavras, mas, já emocionada, mamãe explicou-me o que aquela pessoa tão maravilhosa estava me desejando naquele momento.

Com tudo aquilo fiquei radiante de felicidade, e toda a indiferença das minhas amigas diante de minha festinha agora já não significava mais nada. Fascinava-me saber que, a partir dali, eu teria acesso à leitura. Aprenderia tão bem em casa com mamãe que, quando chegasse a hora de frequentar as aulas, não estaria atrás das outras crianças. Estaria, quem sabe, até melhor...

No próximo ano, ou no outro, as coisas poderiam melhorar, eu pensava.

Durante os meses que se seguiram àquela noite, adquiri novos hábitos dentro de casa. Quando Clarinha dormia seu soninho diário, eu simplesmente devorava as lições das cartilhas. À noite, mamãe as corrigia, fazendo caretas quando achava algum erro e me dando beijinhos quando acertava. Essas horas eram muito divertidas, nem parecia que estávamos ali para estudar.

Certa noite, fomos nos deitar mais cedo. Mamãe foi para seu quarto, papai estava sóbrio em casa, o que era coisa rara. Quando escutei que conversavam, eu me enchi de esperanças. Isso era coisa que já não acontecia mais.

Mamãe lhe dizia, amorosamente:

— Chega, homem! Para de ser tão infeliz assim, dizendo que não quer mais nada da vida. Você tem família, esqueceu? Tem filhas, tem esposa.

Fiquei atenta para escutar tudo, e mamãe continuava:

— Até quando você vai se deixar remoer pelo ódio das pessoas? As coisas acontecem na vida, algumas podem até ser injustas, mas o mundo não parou porque você foi traído pelos seus irmãos.

E papai respondia baixo:

— Eu sei, eu sei.

Houve uma pequena pausa entre os dois e mamãe retomou a conversa:

— Agora você resolveu descontar todo esse ódio nas pessoas que o cercam? Parou de trabalhar, está se acabando dia a dia, um homem tão trabalhador, tão competente que agora não faz mais nada? Não percebe que está vivendo como um mendigo, um bêbado, em más companhias, sem rumo?

Papai parecia envergonhado:

— Você tem razão. Ultimamente tenho me comportado como um fracassado, como um perdedor, como um lixo. Mas o que vou fazer se é exatamente assim que me sinto? Não consigo reagir, mulher! Tenho muito ódio, uma vontade imensa de me vingar daqueles que me prejudicaram...

Entusiasmada com o rumo da conversa, levantei-me e fui espiar pela porta entreaberta, para ter certeza de que isso estava realmente acontecendo, que não era um sonho.

Então vi uma cena que, para mim, ficou marcada como símbolo de ternura e compreensão. Carinhosamente, mamãe o abraçou, beijou sua testa e o chamou para perto do pequeno oratório com a imagem de Jesus que tinha no canto do quarto. E lhe disse:

— Querido, peça perdão a Deus, a Jesus, por alimentar tanto rancor em seu coração. Liberte-se do peso do ódio e caminhe ao meu lado... Vamos recomeçar nossas vidas. Temos duas filhas maravilhosas, saúde, amor, uma casa tão bonita, que você mesmo construiu. Dê uma chance para todos nós. Se preferir, podemos nos mudar daqui, ir para um outro lugar. Quem sabe até trabalhar juntos? Agora Dandhara é tão responsável, e eu posso ajudar você.

Capítulo 4

Tudo parecia ir bem até que papai foi se transformando. Começou a ficar irritado, agressivo, estranho; fechou a cara e começou a praguejar.

Corri para meu quarto, assustada. Ele saiu do quarto, passou pela sala e sumiu, batendo a porta. Fiquei paralisada no meio do quarto.

Mamãe pareceu ter percebido minha aflição e foi até mim. Clarinha já havia dormido. Ela me tomou em seus braços e, entre lágrimas, falou:

– Filha, papai está doente, muito doente. A doença dele vem da alma e é a mais grave de todas.

Pela primeira vez mamãe chorou na minha frente, e continuou:

– Por isso devemos rezar muito. Pedir a Deus que nos ajude porque, da minha parte, estou convencida de que nada mais resta a fazer. Depois de todos esses anos lutando em meio aos sentimentos de seu pai, entre amarguras, ódios, ressentimentos e frustrações, sinto que meu amor não foi suficiente para trazê-lo de volta à vida...

Jamais me esqueci daquelas palavras de mamãe naquela noite. E elas passaram a me sustentar por muito tempo. A partir daquele instante a minha vida se transformou: Deus criou força dentro de mim. Aprendi a rezar, a falar com Ele e passei a sentir que alguém estava sempre por perto.

Quando perguntei à mamãe sobre isso, ela explicou que essa sensação era meu anjo, levando as minhas preces a Deus...

Fiquei ainda mais fascinada, pois agora também podia contar com meu tão querido "anjo".

Capítulo 5

Se eu achava que nossa vida já estava complicada, não perdia por esperar: ela iria piorar ainda mais. Para minha tristeza, de Clarinha e de mamãe, papai começava a trazer homens estranhos e embriagados para dentro de casa.

Eles eram horríveis. Não que fossem realmente feios, mas eram presenças esquisitas que nos deixavam – a mim e a Clarinha – constrangidas e amedrontadas.

Ainda assim, tentei simular para mamãe que tudo estava bem, evitando contar o que se passava em casa durante o dia, principalmente nossos medos e angústias.

Clarinha já estava um pouco maior, e sua capacidade de entendimento me surpreendia a cada dia. Sua compreensão sobre guardar segredos, comportar-se desta ou de outra maneira, me fortalecia.

Nós duas, em nosso silêncio, evitávamos qualquer outro motivo que piorasse aquela situação.

Muitas vezes choramos juntas por muito tempo, em silêncio, abraçadas. Dessa forma, com todos os apuros que enfrentamos juntas, uma amizade muito grande se desenvolveu entre nós. Sem amizades, sem escola, sem papai, sem mamãe por perto, tínhamos somente uma à outra e isso nos bastava para superarmos aquele triste episódio de nossas vidas. Sem contar que Clarinha já sabia entender "coisas de gente grande".

Por muitas vezes ficamos a tarde inteira brincando em nossas camas. Espalhávamos nossos brinquedos, já bem mais velhos e surrados, por cima das cobertas, e brincávamos por ali, em silêncio quase absoluto, para não chamar a atenção dos amigos de papai, que nos olhavam de uma forma muito maliciosa.

Nessas horas contávamos com a companhia de Cacá, que era uma cachorrinha muito esperta e se comportava de acordo com a situação. Mesmo nas nossas brincadeiras, não dava mais aqueles latidos altos e nos mantinha como que esquecidas lá no quarto.

Certa tarde, fazia muito calor e o sol ardia como nunca em nossas camas. Papai estava na sala com todos aqueles homens quando Clarinha começou a passar mal. Reclamava de uma dor muito forte na cabeça e na barriga. Suava frio, mas ao mesmo tempo estava muito quente. Fiquei desesperada, sem saber o que fazer. Não poderia chamar mamãe, pois ela surpreenderia todos aqueles homens em casa, aquela bagunça na sala e nos encontraria acuadas no quarto, com medo.

No extremo da minha aflição, algo muito forte apoderou-se de mim e, quando percebi, estava ajoelhada ao seu lado, rezando. Supliquei a Deus, aos nossos anjos da guarda, para que livrassem Clarinha daquele estado de sofrimento, daquela dor que também a mim consumia. Vendo minha querida irmãzinha sofrer, minha melhor amiga, fiquei em pânico. Comecei a suplicar bem baixinho, mas com o coração explodindo, de tão alto que gritava aos Céus.

De repente ali, ajoelhada e agarrada a Clarinha, me senti exausta e cambaleante. Fechei os olhos, senti que Clarinha tinha aquietado e, quando olhei novamente, percebi que o quarto estava quente e ensolarado, transformando-se num lindo e delicioso ambiente. Agora a temperatura já não incomodava e, pela janela, não entrava apenas a luz do sol, mas uma maravilhosa luz que dominava todo o ambiente, acalmando-nos e nos aliviando de toda aquela dor e exaustão.

Fiquei maravilhada com aquela luz tão intensa e confortante. Senti-me acolhida por todo aquele clima e, quando percebi, Clarinha dormia profundamente. Já não suava mais, não estava mais quente, parecia ter melhorado e passar bem.

Confortada e aliviada, mais segura agora, deitei ao seu lado, abracei seu ombro e adormeci também.

Acordamos juntas muitas horas depois. Perguntei se estava bem e ela apenas acenou que sim com a cabeça. Nós nos abraçamos demoradamente e não conversamos sobre o que havia se passado – não sabíamos nem o que falar. Apenas lembrávamos de tudo como um grande pesadelo, seguido de um grande sonho.

Corremos para arrumar a sala e, cena que passou a ficar comum por ali, encontramos papai dormindo, jogado no chão. Àquela altura, não havia mais nenhum de seus companheiros por ali. Ficamos cheias de energia naquele dia: arrumamos toda bagunça e, ao final do trabalho, senti que um agradável aroma pairava no ar. Intrigadas, procuramos algum frasco de perfume na casa, pensando que papai talvez tivesse quebrado enquanto dormíamos. Porém, não encontramos nada. Olhamos uma para a outra, lembrando do que tínhamos passado naquela tarde e choramos muito, emocionadas e sentidas.

Quando mamãe chegou e nos abraçou, sentiu que algo diferente havia acontecido naquela casa. Perguntou, insistiu, mas apenas dissemos que foi uma tarde muito gostosa, que tínhamos brincado muito e estávamos felizes porque ela havia chegado.

Como se falássemos juntas, pedimos a ela que nos contasse uma daquelas histórias de anjos, que há muito tempo não nos contava. Ela olhou para o papai, viu que ele dormia, olhou para a casa arrumadinha, nos agradeceu e disse que era o mínimo que podia fazer por nós. Convencida por tantos argumentos, novamente teríamos juntas um momento de paz e alegria.

E assim fizemos. Ficamos as três na sala, sentadas no chão, unidas, felizes, com Cacá no meu colo, fazendo o que eu mais adorava na vida: escutar mamãe contar suas inesquecíveis histórias de anjos.

Com os dias, aquela alegria foi se dissipando e novas provas de vida chegariam até nós.

Certa tarde, papai estava na sala de novo, com seus "amigões" em casa. Estavam todos bêbados. Já estava ficando tarde e ele permanecia tranquilo, como que querendo provocar a mamãe, fazendo-a presenciar toda aquela situação dentro de casa.

Percebendo a tarde se acabar e já avistando o crepúsculo vermelho a tomar conta do céu, comecei a ficar aflita. E parece que, justo naquele dia, o tempo resolveu correr de verdade. Mas papai parecia não se importar com o possível flagrante que mamãe poderia dar naquilo tudo.

O ambiente estava o pior possível. Eram seis ou sete homens mal-encarados, falando besteira, rindo alto, zombando e provocando uns aos outros. Por todos os cantos da sala se viam sapatos jogados no chão, cigarros, garrafas vazias, copos pela metade – uma verdadeira anarquia. A atitude insolente de papai começava a me irritar, pois ele não dispensava logo aqueles brutamontes e mamãe estava prestes a chegar.

Por sorte, aquele dia era véspera de feriado e o mercado estava fechando mais tarde, pois passava do horário habitual de ela voltar. Sim, mamãe havia nos avisado que demoraria mais um pouco. Até deixou o jantar pronto para nós, mas papai acabou levando para sala tudo o que tínhamos para comer.

Tive muita coragem quando resolvi ir à sala falar com papai e lembrar a ele da hora avançada em que nos encontrávamos. Disfarçadamente, comecei a dar uma ordem naquela bagunça de bêbados, recolhendo garrafas e copos vazios do chão. Passando perto de papai, cheia de medo, disse-lhe, bem baixinho, que mamãe já iria chegar. Ele ficou sério, eu também fiquei, pois ele realmente estava abusando do horário e isso comprometeria a todos nós. Então papai olhou pela janela, já havia escurecido, deu uma forte pancada na mesa e disse mais uma frase degradante para os intrusos que ali estavam:

— Quem? Aquela vagabunda? Quem se importa se ela vai chegar ou não?

Tentei explicar que mamãe nos avisou que ia demorar. Falei do feriado. Tentei acalmá-lo, mas, agressivo e fora de si, ordenou-me que o deixasse em paz.

Abracei Clarinha e, diante daqueles homens, meio chorando, meio engasgada, chamei-a para o quarto. Um daqueles homens — na minha opinião o mais horrível de todos — se levantou do chão e nos seguiu. Tinha o rosto sujo e cheirava a suor e álcool. Quando percebi que tinha vindo atrás de nós, apertei o braço de Clarinha e a arrastei até a porta da sala. Tentando abrir a tranca da porta para sairmos dali, um pavor se apoderou de mim e minha mão trêmula dificultava as coisas. O homem se aproximou e nos agarrou por trás, sussurrando com malícia:

— Vêm, queridinhas, vêm que o titio aqui quer fazer carinho em vocês...

O odor insuportável do homem me deu vontade de vomitar. Tentei me desvencilhar dele, mas parecia um monstro que não sentia nem meus dentes em seu braço sujo. Vendo que seria inútil tentar sair dali, comecei a tentar livrar Clarinha de seu aperto, mordendo os dedos que seguravam o braço dela. Assustada, ela começou a gritar e eu, no meu desespero, debatia-me entre mordidas e chutes que dava nele, na porta, no ar.

Mas minhas forças não tinham efeito sobre o homem e ele continuava a nos acariciar. Eu olhava para papai como que implorando socorro, e gritava. Ele, por sua vez, estava tão bêbado, tão distante, que mesmo olhando em nossa direção, parecia não perceber o grande medo e o perigo em que nós duas nos encontrávamos.

Para nosso alívio, mamãe chegou em casa naquele exato momento e evitou o pior. Quando vi mamãe, até me esqueci da casa desarrumada, da hora, do flagrante de papai, que eu e Clarinha tentamos evitar para que não houvesse mais sofrimento. Naquele momento, entretanto, o que mais me importava era nos livrar daquele homem horrível.

E mamãe finalmente entendeu da pior maneira o que estava se passando por ali: o homem nos agarrando, a bagunça e a depravação daquele ambiente, o cheiro de álcool. Infelizmente, não havia mais nada a fazer e a disfarçar para aquela mulher.

Vendo tudo aquilo, mamãe ficou horrorizada. Uma ira muito forte tomou conta de suas atitudes e ela deixou de lado todo o seu habitual equilíbrio quando nos viu passando por aquela degradação.

Lembro-me desta cena como se fosse hoje: mamãe pálida, muda, os homens surpresos com sua presença, eu e Clarinha nos desvencilhando daquele homem e correndo para o quarto.

Deixei a porta entreaberta, para acompanhar o que mamãe faria. Estávamos muito assustadas; tremíamos tanto que eu até escutava nossos dentes batendo. Foi uma sensação terrível.

Se naquele instante eu pudesse parar o tempo ou fazê-lo voltar atrás, certamente o faria, pois papai estava tão bêbado que naquele dia colocou tudo a perder. Parecia que fazia questão de piorar as coisas o tempo todo. E, como se não bastasse aquela situação deplorável, puxou mamãe para seu colo e começou a falar em um misto de ironia e gozação:

– Olhaí, pessoal! Isto é que é mulher! Trabalha de dia, cuida das filhas, da casa e ainda tem fôlego para fazer hora extra com o patrão...

Todos aqueles homens imundos gargalharam com papai, caçoando da situação.

Jamais vi mamãe tão transtornada em toda minha vida. Ela se levantou com energia e começou uma guerra naquela sala: esmurrava papai, dava tapas nele, empurrava e expulsava todos aqueles homens dali. Uma cena difícil de acreditar. Parece que toda aquela fragilidade e meiguice deram lugar a uma mulher muito forte e segura de si.

Retomando o controle da situação, mamãe pegou papai para falar coisas duras, para enfim desabafar tudo aquilo que carregara por tanto tempo.

Papai não se deu por vencido. Empurrou a mulher no chão, começou a chutá-la e chamá-la de vagabunda. Nunca ouvi tamanha ofensa dirigida à mamãe. Desesperada, fui até ela. Comecei a gritar, tentei levantá-la, mas acabei levando um empurrão e fui parar longe.

Mamãe conseguiu forças para se levantar, olhou-o com toda a seriedade que poderia reunir e determinou, como nunca imaginei que fosse capaz:

– Chega! Chega, Ivan! Tudo tem limite! E o meu chegou ao fim! Junte seus trapos e suma daqui, para nunca mais voltar! Amanhã quando acordar vou me esquecer de que um dia o conheci... Você morreu para mim! Suma do meu caminho! Saia de nossas vidas porque sei que, sozinha, suporto muito bem as dificuldades. Eu quero educar minhas filhas com dignidade e amor, sem sua presença amarga e desequilibrada.

Ela continuou, chorando:

– Você não soube aproveitar as oportunidades que teve para se levantar. Agora vai, caia de uma vez! Mas, por favor, bem longe daqui! Eu nunca mais quero ouvir falar de você, nem saber de você! Estou esgotada, cansei da sua fraqueza. Você é uma pessoa doente que não quer se tratar. Vá para bem longe, me esqueça, nem se importe que um dia você teve uma família. Seu louco! Seu... Adeus!

De olhos arregalados, como que acordando de um terrível pesadelo, papai ficou imóvel, calado. Nem parecia aquele animal selvagem de minutos atrás.

Mamãe nos levou para dentro do quarto e deitamos quietas, abraçando-nos com muita força. E, por mais que tentássemos sufocar nossas tristezas, deixávamos escapar alguns soluços altos.

Aquele abraço apertado, choroso, que unia nós três, eternizou-se em meu coração.

Capítulo 6

Todos aqueles acontecimentos me deixaram absolutamente atordoada. Naquela hora, pude perceber que foi inútil esconder de mamãe tudo o que passávamos. Mas tinha sido uma tentativa.

Mamãe era muito correta e justa, porém não admitia colocar suas filhas em perigo por causa de papai. Ela fez o máximo que pôde – até uma santa não suportaria um marido desses. Papai tinha ido longe demais naquele dia e, se essa era sua intenção, acabou de vez com seu casamento e, consequentemente, com nosso lar.

"Mas por que tudo isso?" Desde aquele momento, essa pergunta perseguiu meus pensamentos por anos a fio. Por que papai agiu daquela forma? O que o levou a querer ser expulso do nosso lar daquela maneira? Por que deixou que mamãe presenciasse aquela cena e ainda complicou mais a situação, insultando-a e ofendendo-a? Por quê?

Assustada com os fatos, supliquei a Deus que amparasse mamãe e Clarinha, pois não poderia deixar que papai fosse para o mundo sozinho, não naquele triste e lamentável estado.

Mamãe estava certa. Era pacífica, boa, forte, sabia superar os problemas e o amor estava sempre acima de qualquer outro sentimento. Mas papai foi além, e na condição de mãe, percebeu que aquele ambiente sufocaria todas as virtudes que ela aos poucos semeava em nós.

Ele perdeu o emprego, o orgulho, o equilíbrio e agora estava perdendo também a família. Não conseguiria viver imaginando papai sozinho no mundo, sem ninguém, sendo chutado, maltratado, humilhado. Além do mais, já não era mais moço: estava bem cansado e envelhecido.

Terminadas as cenas horríveis que tínhamos presenciado, fiquei por horas ali, agarrada à mamãe e a Clarinha. Quando percebi que adormeceram, finalmente pude me desprender.

Papai estava cometendo suicídio; talvez quisesse passar pelo mesmo sofrimento que seus pais passaram, no intuito desesperado de salvar sua consciência. Seria isso então que estava fazendo? Querendo um final tão horrível assim? Jogado no mundo, sem ninguém, só para se livrar do sentimento de culpa que o corroía, dia a dia, por ter abandonado os pais?

Eu conhecia papai: não era má pessoa, não era como seu pai foi e agora estava se condenando a ser humilhado pelo resto da vida.

Será que papai estava louco? O que seria dali por diante? A partir daquele dia, ficaríamos nós três sofrendo a dor que ele experimentou durante tanto tempo?

Pensaríamos nele e conseguiríamos ser felizes, reconstruir nossas vidas, mesmo sabendo que aquele homem que amávamos tanto estaria sozinho no mundo, abandonado?

Estávamos condenadas a ter o mesmo "futuro" que papai teve? O que seria de nós, desde instante até o final de nossas vidas?

Capítulo 6

Poderíamos escutar as histórias maravilhosas da mamãe, tranquilamente, sem chorar de remorso no final? Estávamos preparadas para vivermos nós três em segurança a partir dali e deixarmos papai sofrer sozinho e desamparado?

"Deus, o que eu devo fazer?", pensava.

Pensei em deixar mamãe e Clarinha. Mas isso era justo e compreensível? Mesmo buscando nossa proteção, mamãe provavelmente se culparia pelo resto da vida por ter mandado papai embora. E eu estragaria tudo? Faria então o papel de filha ingrata? Mamãe já tinha dado seu exemplo de abnegação por nós, abrindo mão de seu grande amor, do qual sempre suportou tudo, com esperança de que voltasse a ser o mesmo homem que ela conheceu. Ela só queria ser feliz...

Por outro lado, eu tinha que fazer alguma coisa. Sentia-me na obrigação de intervir na história de minha família. Seria tão estúpida assim, a ponto de deixar papai e mamãe se desentenderem e não fazer nada?

Quanto mais buscava uma saída, mais distante parecia estar a resposta. Não conseguia entender exatamente o que estava se passando, mas sabia que era preciso ser rápida e decidir logo o que fazer.

Naquele momento, um perfume familiar tomou conta do ambiente. Fiquei confusa, pois não me lembrava de onde havia sentido esse cheiro tão consolador e agradável. De repente, uma súbita esperança se colocou à minha frente: imaginei que as coisas poderiam mudar por si mesmas, sem minha intromissão. Seria mais ou menos assim:

Em primeiro lugar, eu deixaria papai ir embora, esperaria mamãe se acalmar e, com o tempo, a convenceria de trazê-lo de volta. Papai, sendo perdoado, teria mais uma chance de ser uma pessoa melhor.

Segundo: contando com a sorte, deixaria papai ir, depois descobriria onde ele estava e então o ajudaria, sem que mamãe desconfiasse, até que melhorasse e percebesse que seu lugar foi sempre do nosso lado.

Pronto! Estava resolvido. Poderia deixar as coisas como estavam; depois eu teria condições de acomodar tudo da melhor forma possível. Uma certa paz finalmente começou a se instalar em meu coração. Foi quando abracei mamãe novamente, quase pegando no sono...

Papai abriu a porta silenciosamente, entrou no quarto onde estávamos, conferiu se alguém estava acordada – nesta hora fingi que estava dormindo para que ele não percebesse que eu o observava – e parou deante de mamãe. Assim, muito baixinho, se despediu:

– Adeus, querida. Perdoe o sofrimento a que submeti você e nossas filhas. Não sou digno de ser feliz e muito menos de ter uma família tão especial como a nossa. Prometo jamais perturbar vocês com meus desatinos e minha loucura. Adeus!

Nesse instante, pela primeira vez, vi meu pai chorar. Lágrimas escorreram pelo seu rosto e ele tentava se limpar insistentemente, mas sem sucesso. Foi quando se dirigiu até a cozinha, bebeu um gole de água e saiu.

Entrei em pânico. Sabia que estava falando sério e que sumiria no mundo sem me dar chances de encontrá-lo. E a triste sina de sua família se repetiria comigo também: mais tarde eu o procuraria e não o acharia nunca mais.

Respirei fundo e percebi que não suportaria viver sem notícias dele; por outro lado, mamãe e Clarinha teriam, de alguma forma, essas notícias – vindas de mim. De pronto, estava tomada a decisão: eu iria atrás de papai.

Aquela atitude me custaria as companhias mais preciosas que tinha no mundo, mas era assim que tinha de ser. Mamãe cuidaria de Clarinha e eu cuidaria de papai. Nossa família, mesmo que separada, jamais iria se desmanchar. Entretanto, se um de nós ficasse sozinho, não seríamos nunca mais uma família.

Minhas forças e minha coragem redobraram quanto tive certeza de que não poderia abandoná-lo, mesmo sabendo que ele estava sem rumo e sem capacidade de se responsabilizar por alguém. Sim, a partir daquele momento eu seria responsável por papai.

Depois de tanto refletir sobre os dois lados da questão, sobre o certo e o errado, a paz e o tormento, tive a certeza de que jamais teria a consciência tranquila sabendo que um dia abandonara meu pai e o deixara morrer à míngua, sem amparo e amor.

Mesmo que mamãe superasse todas as dificuldades, reconquistando nossa segurança e refazendo nosso antigo lar, eu nunca mais teria sossego toda vez que me lembrasse de papai.

Foi então que firmei ainda mais minha posição: iria com ele, fosse para onde fosse.

Sem fazer barulho, consegui pegar algumas roupas que estavam por cima da cadeira, peças que tinha recolhido do varal. Passando pela cozinha, vi a grande bolsa que mamãe me dera para guardar meu material escolar. Apesar do peso, coloquei-a no ombro, arrumei as roupas em uma pequena sacola e saí correndo atrás de papai.

De tão arrasado que estava, ele nem notou que eu o seguia. Mantive-me atrás dele, mas a uma distância segura, sem que me percebesse. Estava uma noite muito fria e escura – talvez fosse apenas por dentro que eu estava sentindo tanto frio e escuridão.

A bolsa em que estava meu material estava pesada, mas sabia bem o valor que carregava. Ali poderia estar a única coisa que aliviaria o peso que estava prestes a suportar.

Mais à frente da pequena estrada, podia-se avistar uma balsa que levava mercadorias de uma cidade para outra. Justo naquele instante, a embarcação estava de saída. Papai apressou-se e eu também.

Ainda correndo, parei por um instante, olhei em direção a nossa casa, nossa linda casa, lembrei-me de mamãe e de Clarinha, enxuguei minhas lágrimas e de que, naquela hora, tinha que fazer isso, porque papai não tinha noção do que eu sabia: ele era muito melhor do que supunha ser, era tão bom que abriu mão da sua própria vida para tentar pagar o que as saudades de seus pais lhe causaram durante tantos anos.

Papai conseguiu entrar na balsa e se esconder sem que ninguém percebesse. Consegui a mesma proeza. Ali ficamos por algum tempo, deitados atrás das caixas, jogados, um para cada lado.

Não tinha a mínima ideia para onde estávamos indo, ou se voltaríamos para casa algum dia. Da mesma forma, não sabia se alguém estava olhando por nós e pelas duas criaturas maravilhosas que deixamos para trás.

Capítulo 7

Ali, deitada, olhando para o céu enquanto viajávamos, fiz muitas perguntas às estrelas. Muitas. Até que adormeci e só fui acordar com o sol batendo em meu rosto, junto com os gritos de dois homens fortes e rudes:

– Ei, cambada! O que é que estão fazendo aí, escondidos? Estão fugindo de alguém?

O outro fez com que ele baixasse o tom de voz, parecendo compreender a situação humilhante em que nos encontrávamos. Agachou-se perto de mim e, aproveitando que papai ainda estava meio dormindo, perguntou baixinho:

– Menina, você foi raptada por este bêbado? Quer que a levemos de volta para casa?

Capítulo 7

Sua preocupação me comoveu e toda a angústia que eu insistia em segurar veio à tona. Abracei aquele estranho e chorei toda a tristeza que trazia no meu coração há muito tempo.

Ele era grande e me senti muito acolhida em seus braços fortes. Não sei quanto tempo durou aquele desabafo. Ele parecia não ter pressa, pois me deixou chorar até o fim. Até que sequei minhas lágrimas, olhei para ele e respondi:

– Desculpa, moço, mas eu estava muito triste e agora não estou mais. Só precisava de um abraço amigo para poder recomeçar e você chegou junto com o sol. Agora estou pronta. Infelizmente não pode me levar de volta, porque não há para onde voltar, só há para onde ir. Este homem que está aí é meu pai.

Ele parecia entender tudo. Olhou para o companheiro, conversaram algo que não entendi e, então, voltou-se para mim:

– Está bem. Fiquem aqui até acabarmos de descarregar toda essa mercadoria; depois levaremos vocês para um lugar mais seguro, ao menos melhor que esse relento.

Papai caiu de novo no sono. Levantei-me, fui até o outro homem, aquele mais frio e rude. Percebi que era indiferente a tudo, distante e calculista – ideal para me ajudar, sem correr nenhum risco de colocar tudo a perder.

Chamei discretamente e, muito seco, ele veio ao meu encontro, já me intimidando:

– O que é, garota? Não pode esperar até que a gente termine de descer as mercadorias?

Então, tentei falar-lhe baixo para não despertar a atenção de seu companheiro, ao qual não confiaria jamais um segredo destes.

– Desculpa, moço. É que eu precisava que o senhor fizesse uma coisa por mim.

Fiquei até espantada quando vi sua prontidão. Logo percebi, no entanto, que estava é de olho na sacola que eu carregava. Sabendo que faríamos algum negócio, continuei:

– Sabe aquele porto em que vocês pararam de madrugada para carregar essas caixas grandes?

Ele respondeu, sempre de olho na minha sacola:

– Claro, sei sim, foi a nossa última parada, há umas quatro horas.

– É que eu preciso mandar um recado urgente para uma mulher dali – continuei. – Só que ela não pode saber do nosso paradeiro.

Como ele não desviava o olhar da minha sacola, resolvi abri-la logo de uma vez e esparramar tudo o que havia dentro: três camisas de papai, algumas roupas minhas, um par de chinelos dele e alguns apetrechos que coloquei correndo.

Ele foi rápido:

– Fico com tudo.

A precisão daquela figura exploradora me deixou irritada, mas continuei negociando:

– Quase tudo. Vou tirar as minhas coisas.

– Tá bom, tá bom – ele concordou, apressado. – Mas então fale logo o que você quer, garota, que preciso terminar meu serviço.

Mas uma sombra de dúvida ainda pairava sobre aquele acordo e eu precisava ter certeza absoluta de que mamãe receberia meu recado. Assim, talvez pudesse amenizar a dor que deveria estar sentindo.

– Moço – insisti. O senhor promete que vai dar o recado mesmo?

Parece que nesse momento ele acabou por se irritar e foi me dando as costas, pisando forte. Então gritei:

– Espera, moço. Eu só precisava saber se é o senhor mesmo quem vai dar o recado. É para ficar tranquila, sabe... Isso é muito importante para mim e meu pai.

Sem paciência – o que ele nem deveria saber o que era – ele foi ainda mais duro:

– Fala baixo, menina! Olha aqui: o jeito que eu vou passar o recado é problema meu. Mando alguém fazer o serviço para não ter amolação no meu pé. Hoje passarei de volta naquele porto. Se você precisa tanto dar esse recado, é melhor falar logo, porque já está começando a me deixar nervoso.

Ele foi falando e juntando as coisas que estavam esparramadas no chão. Então fui bem clara e tentei resumir o máximo possível, já que passaria a uma terceira pessoa:

– Esta mulher se chama Aurora e tem uma casa em frente ao único mercadinho da cidade. Você fala para ela: *"Não fique triste, que eu apenas estou fazendo uso do meu dom."*

Ele riu na hora em que eu me referi ao mercado. Para ele, aquela situação estava parecendo muito familiar. Deduzi que conhecia bem nosso vilarejo e que não seria difícil passar o recado para mamãe.

Saindo de perto de mim, passou por papai e, como que o reconhecendo, resmungou palavras irônicas, que só consegui entender o final:

– He, he, Ivan. De novo aprontando das suas...

Fiquei aliviada, pois conseguiria me comunicar com mamãe, ao menos para dar uma satisfação. Então ficamos ali esperando o outro homem.

Papai foi despertando aos poucos. Levou um grande susto quando me viu. Ficou bravo, resmungou e enfim resolveu falar comigo, coisa rara em toda nossa vida:

– O que é que está fazendo aqui, sua louca! Não sabe que não tenho aonde ir? Que não sei o que fazer, que não posso sustentar você?

O silêncio instalou-se novamente entre nós. Entre mim e ele havia um vazio, uma imensidão. Eu, de cabeça baixa, não conseguia encará-lo, pois tinha medo. Éramos estranhos um ao outro. E se ele soubesse o quanto eu o amava...

Como uma grande barreira nos separando, aquele silêncio não me deixava falar. Jamais me atreveria a desrespeitá-lo ou enfrentá-lo de novo. Depois de algum tempo, levantei hesitante a cabeça e falei, quase num sussurro:

– Desculpe, papai, mas vim só para saber se o senhor precisava de alguma coisa.

Pela primeira vez na vida, ele se aproximou de mim, olhou-me nos olhos e desabafou:

– Você é louca! Puxou à sua mãe. É linda e boa. Você não sabe o que está fazendo, minha filha. Está deixando sua vida na qual tentarei não interferir mais. Volte para sua mãe e para sua irmã!

Naquele instante, olhando para dentro dele, tive a certeza de que estava totalmente perdido e angustiado. E, como eu sempre soube, era um bom homem. Acho que aquela foi a primeira e última vez que papai me encarou daquela maneira e se referiu a mim de forma tão séria. E continuou:

— Deixe-me seguir sozinho, porque não posso fazer nada por você, nem por ninguém. Sua mãe é forte e boa, e vai lhe devolver a paz e a felicidade que eu tirei de vocês. Volte, minha filha, o seu caminho não é ao meu lado: você nasceu para ser feliz. É muito especial para ficar no mundo ao lado de um trapo de homem como eu. Volte e diga para sua mãe que eu a amo muito e para que ela me perdoe, pois eu jamais a importunarei.

Depois de dizer isso, sentou-se e se recolheu para dentro de si mesmo novamente, e nunca mais conversou comigo. Este foi o único diálogo que tivemos.

Abracei-o e falei:

— Eu te amo, papai. Eu vim para cuidar de você. Por favor, não se zangue comigo por causa disso.

Era tarde e o abraço saiu somente de meus impulsos. Ele já não estava ali como há minutos; não era mais o mesmo. Momentos depois, aquele homem que tinha me confortado voltou e nos ofereceu uma grande ajuda:

— Venham comigo. Acho que tenho um lugar onde vocês podem viver. É feio, pequeno, mas dá para abrigar os dois até que encontrem um local melhor.

Nós o acompanhamos, entramos novamente na balsa e viajamos por mais algumas horas até descermos em uma cidadezinha muito pequena. Dali caminhamos até uma vila e avistamos uma casinha. Quando paramos, ele nos disse:

— Fiquem por aí o quanto quiserem. Há muito tempo, morei neste lugar com minha esposa e minhas duas filhas. Elas partiram e me deixaram só. Moro longe daqui, nem me lembrava mais deste barraco. Fui um homem honesto e trabalhador, dei-lhes tudo o que podia, mas elas queriam muito mais, queriam luxo e isso eu não pude oferecer. A única riqueza que eu tinha era o meu amor... E hoje até isso já não tenho mais.

Despediu-se sem ao menos se aproximar da casa. Papai e eu caminhamos até ela, calados de emoção. No fundo estava feliz e aliviada, pois agora tínhamos onde viver e recomeçaríamos uma nova vida. O meu único objetivo era cuidar de papai, vê-lo seguro, sob os meus olhos, a fim de que, com o tempo, na hora certa, voltássemos para casa. Então pediríamos perdão para mamãe e voltaríamos a ser aquela família que um dia viveu momentos felizes.

Capítulo 8

Algum tempo se passou e aos poucos fomos nos adaptando àquela nova situação, que já não me parecia mais tão estranha. Apeguei-me às forças ocultas que existiam dentro de mim – as forças da fé, da perseverança e do bem.

É estranho falar sobre isso, mas fui me dando conta do que estava se passando comigo. Do lugar onde morava, das coisas que comia, do silêncio absoluto que existia entre mim e papai, da escuridão em que passávamos todas as noites. Percebi também a saudade que sentia de mamãe e de Clarinha. Mas tudo isso parecia ser o menor dos problemas. Soava-me como se fosse apenas um complemento, um adorno em minha missão.

Capítulo 8

Tudo acontecia de forma estranha. Agora eu me apegava aos sentimentos que viviam lá no fundo de mim mesma. Eu sabia muito bem o que queria, o que era preciso fazer. E assim vivia, dentro das minhas conquistas interiores, da fé nos meus amigos invisíveis, da esperança em Deus e do desejo de um dia tirar papai daquele pesadelo humano em que se encontrava.

Eu cuidava também de minha disciplina interior. Se ficasse triste, se me entregasse a lamentações, nada poderia fazer por papai. Então, meu maior desafio, todos os dias, era ser um pouco mais feliz do que no dia anterior.

Nossa casa tinha dois cômodos: uma cozinha e um quarto. Quando nos mudamos, tivemos a sorte de aproveitar alguns objetos e móveis que já estavam ali, ainda que bem velhos e surrados. Todavia, naquela extrema situação de pobreza, eram as únicas coisas que poderíamos contar – e até que nos serviram bem.

Lembro-me do que havia naquela casa quando chegamos. Na cozinha, uma mesinha com quatro cadeiras, uma delas imprestável. Era uma pena, pois devia ter sido um belo conjunto de mesa e cadeiras. Tinha também um velho fogão, que no começo custou-me um bocado de paciência para fazê-lo funcionar. Contudo, suas quatro "bocas" acabaram funcionando perfeitamente. Eu divagava a respeito daquelas chamas, imaginando que eram como corações ardendo em fogo. Completavam nossa cozinha duas panelinhas, alguns talheres, copos, pratos e até uma tigela muito bonita – um pouco extravagante, com detalhes que a tornavam parecida com aquelas que mamãe via nas revistas. Isso me intrigava, porque se aquele homem, o "pai" daquela casa, era bem mais pobre do que nós, como uma peça como aquela tinha ido parar por ali?

No quarto havia um sofá, que passou a ser a cama do papai. O móvel velho trazia em seu estofamento alguns furos estranhos, que pareciam de queimado. Para mim ficou um colchonete raso que estava encostado no canto daquele minúsculo cômodo, assim como duas almofadas que estavam jogadas perto dele. Era de se notar que tudo estava tristemente sujo, abandonado às traças e à ação do tempo por anos a fio.

Do lado de fora havia um pequeno espaço que eu chamei de quintal, já que contava com torneira e mangueira. Eles me foram muito úteis na lavagem da casa e de todas as coisas que haviam lá dentro. A mangueira era velha, estava ressecada e por isso tinha rachaduras que chegaram a me divertir, espirrando água para todo lado. A impressão que eu tinha quando a usava é de que havia alguém sempre brincando de lavar as coisas comigo. Mesmo assim faltavam algumas coisas básicas para a limpeza, mas com jeito e paciência, aos poucos nossa casa ficou limpa.

Achei muito estranho quando procurei pelo banheiro e não encontrei. Fui encontrá-lo do lado de fora da casa, no quintal.

Em poucos dias me acostumei também com isso. O pior e mais difícil foi acostumar-me a não ter sala. Toda casa tem que ter uma. Será que o homem que construiu aquela casa não sabia o valor imenso que tem uma sala para a família?

Apesar de tudo, a grande dificuldade que se colocou à minha frente foi saber que, pela primeira vez, precisaríamos comer – mas não havia sequer um tostão nem uma migalha de comida por ali. Aquilo realmente seria difícil de resolver, pensei. Muitas vezes parecia que só eu sentia fome, pois papai se arrumava bem com alguns goles daquela bebida, que até hoje não sei como sempre conseguia.

Depois de acordar ali pelo segundo dia, a fome que sentia apertou e achei melhor procurar algo para nosso almoço e, quem sabe, para o jantar também. Devagar, meio sem ânimo, passei então a andar pelo bairro em busca das nossas próximas refeições.

É estranho sair para "achar" comida, mas foi justamente isso que eu imaginava. Não queria pedir para ninguém, também não tinha dinheiro para comprar. Nem tinha reparado se eu e papai passamos fome quando chegamos, enquanto eu limpava e arrumava nossa nova e humilde casinha. Acho que estava muito apreensiva e angustiada – ou muito cansada.

Mas naquele momento a necessidade de fazer uma refeição se impunha e fui à luta. Caminhei um pouco e, logo depois, descobri um mercadinho por perto. E, por mais incrível que pareça, tinha alguns restos ao lado do latão de lixo: verduras e frutas que estavam em ótimo estado de se aproveitar, sem grandes danos.

Capítulo 8

E então, durante aqueles dias, tornei-me freguesa daquele latão. Antes mesmo de as pessoas chegarem para trabalhar, ainda de madrugada, muito cedo mesmo, levantava-me e ia buscar minhas "compras".

Entretanto, tudo isso me parecia muito estranho, porque muitas vezes consegui preparar sopas que comíamos o dia todo, sem que ficássemos preocupados se iriam acabar ou não. E ficavam uma delícia! Para mim, aquele latão era uma segurança de que, no dia seguinte, encontraria minhas mercadorias mais necessárias. Isso fazia com que os dias ficassem mais tranquilos, e eu mais confiante na proteção dos meus grandes amigos invisíveis.

Com muita alegria, lembro-me de ter encontrado perto do latão não só legumes e verduras, mas também pacotes fechados de alguns ingredientes essenciais na cozinha. Hoje sei que eram produtos vencidos, mas naqueles tempos difíceis foram muito bem-vindos na minha precária cozinha.

Fora o problema de termos que manter nossos estômagos minimamente saciados, havia a escuridão do período noturno. E isso era triste e desanimador. Quando fazia calor, ainda podia deixar a janela aberta e ganhava um pouco de luz do luar e das estrelas. Quando fazia frio, no entanto, precisávamos fechar tudo e era terrível: ficávamos na escuridão completa.

Eu sentia falta também das coisas que, na infância, eram comuns para mim, como geladeira, armários, relógio, quadros, enfeites e vasos. Além disso, estava acostumada com nossos lustres, tapetes, cortinas e outras coisas que, ali, não existiam.

Papai era indiferente a tudo que passávamos. Parecia não se importar com nada, nem mesmo com as dificuldades pelas quais eu passava para nos sustentar. Nem se importou com o fato de não termos luz, por exemplo. Já o gás que eu usava para cozinhar era de um botijão que já estava lá quando nos mudamos. Quando esse gás acabou pela primeira vez, alguns dias depois da nossa chegada, precisei tomar uma atitude. Então fui até o lugar onde se carregava os botijões. Ali, parada, em frente ao depósito, fiquei meio perdida e confesso que não sabia ao certo o que pedir. Não tinha nem ao menos um centavo para recarregar o produto. Imaginei que, se simplesmente pedisse para trocar um botijão vazio por um cheio, não conseguiria isso mais de uma vez, sem que tivesse que contar minha história para alguém.

Então decidi ficar por horas sondando as pessoas que entravam e saíam dali com seus botijões cheios. Tentei lembrar de alguma coisa que havia em casa que pudesse trocar por eles, mas não lembrei de nada que realmente tivesse valor.

No depósito trabalhavam duas pessoas: um rapaz muito atrevido, que tratava muito mal as pessoas, e um senhor que tinha uma deficiência na perna. Deduzi que o dono era o homem mais velho, pois era ele quem dava as ordens ali. O rapaz devia ser o empregado, que ouvia as tais ordens – e não as cumpria. Foi quando já estava desistindo de entrar que escutei uma discussão sobre a limpeza do local. Parecia haver um impasse: era preciso limpar, mas o rapaz insistia dizendo que não faria "serviço de mulher".

Antes que a confusão se formasse, aproveitei a oportunidade e entrei no depósito, oferecendo os meus serviços em troca de um botijão cheio. O rapaz, muito mal-educado, já saiu zombando do meu tamanho, dizendo eu que não saberia nem segurar uma vassoura, ainda mais limpar aquele grande depósito. Na hora fiquei ofendida, mas o ímpeto de soltar uma resposta mais ríspida foi detido pela vontade maior de conseguir meu gás. O senhor com deficiência na perna se aproximou de mim e me olhou de cima a baixo. Carrancudo e sério, perguntou-me:

– Eu a conheço, menina?

– Acho que não, senhor – respondi encabulada. – Sou nova nesse bairro, já que me mudei há poucos dias e ainda não conheço ninguém. Além disso, estou precisando muito de um gás para cozinhar.

O fato de estar pedindo me deixava encabulada. Mesmo assim continuei:

– A única coisa que posso oferecer ao senhor é meu trabalho de limpeza deste depósito. Isso, claro, se o senhor aceitar.

Ele pensou por uns instantes e, ainda que hesitante, concordou. Depois mandou o moço me trazer o material que iria ser usado na limpeza.

Depois de algumas horas de esforço, terminei meu trabalho. O depósito ficou tão limpo que sai dali orgulhosa do que havia feito.

Satisfeito com o negócio, o senhor então me deu um botijão recarregado, pronto para o uso.

Passado algum tempo, voltei àquele lugar para recarregar o botijão novamente. Mas nessa segunda vez, porém, tive uma ótima surpresa: aquele homem me ofereceu a limpeza dali uma vez por mês, trabalho pelo qual me pagaria com alguns trocados, fora o gás que eu porventura viesse a precisar.

Fiquei maravilhada com o resultado daquela minha atitude. Da mesma forma, tentei até negociar mais dias com aquele senhor, ou mesmo me empregar em outro lugar, talvez uma casa. Sim, fazer como as garotas que trabalhavam em casas de família, na minha cidade natal. Mas ali, na humildade do vilarejo, não havia ninguém que pudesse pagar alguém para fazer serviços domésticos. Ao final, cheguei à conclusão de que aqueles trocados mensais seriam o suficiente para garantir alguns apetrechos indispensáveis no banheiro e na cozinha, como papel higiênico, sabonete, pasta de dente, óleo, sal... O resto eu resolveria depois.

Aquele homem do depósito parecia ser uma boa pessoa, mas notei que não se aproximava de ninguém. Era muito sério e bravo e, por sorte minha, proibiu aquele rapaz de conversar comigo. E assim comecei meu primeiro trabalho.

O que ganhava ali era exatamente a conta do que eu precisava. Dava para fazer uma compra até que bem animadora. Sem contar que o dia das compras dentro do mercado era o meu favorito. Saía orgulhosa, com uma sacolinha à tiracolo, sentindo-me a pessoa mais rica do mundo!

Engraçado que papai nunca me perguntou onde eu conseguia aquelas coisas. Talvez nem mesmo se deu conta, na apatia que inundou seu mundo interior. Por isso sentia falta, muita falta de calor humano.

Durante todo o tempo que ficamos por ali, não consegui fazer nenhuma amizade. As pessoas que nos cercavam naquela cidadezinha também eram pobres, mas nem tanto como papai e eu. Sentia, também, que o fato de não frequentar a escola na cidade vizinha, como as outras garotas, me afastava das outras pessoas. Além disso, me vestia com as mesmas roupas todos os dias e não tinha uma história para contar sobre meu passado.

Acho que as pessoas tinham medo de se aproximar de alguém sem família, sem passado e ainda filha daquele homem que, em pouco tempo, ficou conhecido como o bêbado que arrumava confusões e caía na rua sempre que não dormia em casa. Tinham medo de se aproximar de mim.

Às vezes me pegava observando a vida de Heloísa, a filha de uma vizinha, que era um pouco mais velha do que eu. Ela parecia ser uma garota muito infeliz. Estava sempre com sua mãe, mas não existia entre as duas nenhum sorriso, nenhum calor humano. Da mesma forma que fazia com as outras pessoas, tentei me aproximar de Heloísa, mas sua mãe dava a entender que não queria que fôssemos amigas. Percebendo que não era muito querida por ali, resolvi não interferir na vida daquela gente e deixei toda aquela história de amizade para outra época. Por um lado, foi bom isso ter acontecido, pois, se não falasse com ninguém, não precisaria mentir sobre minha triste história.

Nessas horas sentia muita saudade das minhas antigas amigas e, por muitas vezes, me arrependi de tê-las deixado de fora daquelas sagradas horas vespertinas que passava ouvindo as narrativas de mamãe.

Pensava como talvez gostariam de conhecer minha nova casinha, que agora era bem menor que a delas, muito humilde, totalmente inversa daquela em que morava com nossa família.

Talvez elas ficassem mais felizes em saber que eu não era mais a "dona do pedaço", fato que tantas e tantas vezes ficou claro entre nós, crianças.

Também gostaria muito que vissem que eu morava com papai e que cuidava dele o tempo todo. E poderia lhes falar sobre as longas conversas que eu e ele tínhamos antes de dormir e também lhes contaria sobre todos os elogios que papai me fazia pela comida, pela casa, por tudo.

Claro que esse filme só se passava em minha tenra consciência, mas minhas amigas não precisariam saber de toda a verdade.

Capítulo 9

Numa bela manhã, levei um susto, só que desta vez prazeroso: lembrei-me de que faria aniversário em poucos dias. Isso me remeteu a um passado não tão distante dali, quando Clarinha nasceu, durante minha festinha de sete anos. Foi então que, pela primeira vez, escrevi uma carta para mamãe e uma para minha irmãzinha, que talvez já estivesse tentando aprender a ler. Naquele papel não lembrava nenhuma vez os acontecimentos desde a nossa separação; escrevi somente lindas declarações de amor, afeto e gratidão.

Clarinha já devia estar bem crescida, pensei comigo. Fechava os olhos e tentava imaginar como seria nossa festa naquele ano. Será que, se ainda estivéssemos juntas, teríamos alguma comemoração? Mas, e se mamãe estivesse como o papai, corroída pelo remorso, bebendo, largando a gente...

Fiquei extremamente confusa e angustiada com todos aqueles pensamentos sobre remorso, bebidas, mamãe e papai. Afinal, o que mamãe estaria sentindo naquele momento? E do fundo do meu coração me surgiu a pergunta:

– Deus, o que foi que eu fiz?

Será que eu estava certa, usando corretamente meu dom de resolver os problemas? Será que havia em mim, afinal, algum dom? Sem perceber, naquela angústia infinita, disparei a correr sem rumo por aquele povoado. Constatei, novamente, que não havia um único lugar, uma única pessoa com quem pudesse desabafar – nem ao menos minha cachorrinha Cacá estava ali, para me consolar com suas lambidas.

Desesperei-me pela primeira vez quando me dei conta de que alguns anos já haviam se passado desde nossa chegada. E nossa situação não tinha melhorado nada! Continuávamos ali, escondidos de mamãe, para que ela não nos descobrisse nem nos obrigasse a voltar para casa. Mas jamais eu aceitaria voltar para casa sem ter mudado nada daquela situação! Estava certa de minha posição de não voltar, e uma decisão tão importante como essa era sustentada somente por um motivo, que fazia com que suportasse tanta saudade naquele momento, sem me entregar nem por um instante: queria que mamãe perdoasse papai e nos recebesse de novo em nosso antigo lar, para reconstruirmos nossas vidas.

Corri durante algum tempo até que parei em uma praia, tão deserta que parecia uma ilha. Ajoelhei-me e comecei a chorar sem parar, pois tive a sensação de que mamãe e Clarinha nunca iriam ler minhas cartas e que não mais voltaríamos a ser uma família feliz.

O lugar era bem isolado, até um pouco distante de casa – perto de uma hora de caminhada. Lá chegando, fiquei descalça e coloquei meus pés no mar para aliviar a dor da corrida. Como um carinho, as leves ondas me acalmaram da ansiedade, da angústia e do cansaço. Fiquei horas sentada por ali, com os pés no mar, apenas apreciando a imensidão daquela linda praia.

Senti-me infinitamente pequenina e, já mais serena, comecei a conversar com todos os que estavam lá: com a areia, o mar, o sol, o céu, o ar e com as pedras distantes dos morros. A areia dali era muito mais macia e limpa do que tínhamos na praia dos pescadores, onde tinha morado com mamãe. Diante daquela beleza exuberante, fui tomada de uma grande alívio interior e, sem que percebesse, a serenidade e a tranquilidade me foram devolvidas.

Já estava escuro quando cheguei em casa; fiquei até com receio de levar uma bronca de papai e de não saber como explicar tanta ausência de casa. Não tive noção de quantas horas fiquei fora.

Porém, cheguei antes dele, que nem se deu pela minha falta. Exausta, caí no colchonete e naquela noite tive sonhos maravilhosos. Sonhei com mamãe, com Clarinha, com todos os meus amigos invisíveis lá em casa, com a gente. Foi um sonho inesquecível. Parecia uma festa, assim como mamãe faria para mim e Clarinha qualquer dia desses.

A partir daquele dia na ilha, daquela meditação, daqueles momentos serenos, minha vida tomou novo sentido. Ir à praia todas as tardes me devolvia os bons sentimentos e a magia que outrora tivera em companhia de mamãe. E no meu cotidiano havia agora um novo anseio vespertino, pois os dias, principalmente as tardes, até, eram infinitamente longas e solitárias.

Tinha agora a natureza, o mar, as ondas. Momentos de paz, de encanto. Fiz da ilha meu recanto de lazer. Entregava-me à imaginação – momento esse que era fundamental na minha vida, desde a minha doce infância.

O mar tornou-se meu melhor amigo: contava-lhe tudo o que pensava e, com suas ondas, parecia entender bem o que eu lhe dizia. A areia era como o colo da mamãe, que recebia minha cabeça num pequeno castelo que eu havia feito. Aquele travesseiro natural passou a ser meu lugar de repouso. O sol, por sua vez, me queimava, esquentava meu ser, tirava o gelo que muitas vezes senti quanto a solidão chegava muito forte. Até meu contato com o infinito, olhando para a imensidão do céu, ficou mais próximo. A partir daquele encontro – eu com a ilha –, meus dias passaram a ter aquele gostinho bom de ter boas companhias para compartilhar nossas vidas. Foi quando batizei "oficialmente" a ilha como minha segunda casa, pois ali tinha encontrado muito do que sentia falta, como aconchego, carinho e amizade.

A partir de então, todos os dias quando acabava de fazer minhas tarefas em casa, esperava papai almoçar, cuidava para que ele dormisse no sofá e me dirigia para lá. Como num sonho, vivia momentos deliciosamente confortantes. Acabou por se tornar rotina sair correndo para aquela ilha só para me divertir, conversar, correr e ficar por lá horas sem fim, olhando o sol, o mar e falando com as ondas.

Desde a primeira vez, fui muito bem acolhida. A ilha sempre estava à minha espera, deixava-me à vontade; era minha casa, com amigos e irmãos, com risos, graças, passeios...

As coisas agora eram assim: como se existissem três vidas, três casas, três de mim, três mães, três pais, tudo tinha significado triplo; como se fossem o passado, o presente e o futuro.

Minhas lembranças eram o passado, e apegava-me a elas pela saudade. Meu presente era papai, a minha casa pequenina, a pobreza e a miséria em que vivíamos. Mas ali, na ilha, eu havia ganhado outro tempo de vida. E hoje posso dizer que era meu futuro.

Eu vivia aquele momento com toda a imaginação, pois é isto que entendo por futuro: transformar o tempo presente em algo mais valioso, compensador, vagando na imaginação, usufruindo de todo o universo.

Não me refiro ao futuro do amanhã, mas sim fazer do hoje o nosso futuro, usando nossas próprias armas, transformando os nossos dias em dias mais felizes, seja ligados ao infinito do universo ou ao infinito do nosso ser. Pois qualquer um dos dois, ou os dois juntos, poderão nos trazer um futuro dentro do hoje, sem que esperemos o dia de amanhã para desfrutar o que temos ao nosso alcance, aqui e agora.

Naquelas tardes, era como se já não existissem passado ou presente. Sentia que a vida tinha reservado para mim um lugar no futuro, um lugar de amor, de luz, de vida feliz, de beleza, de infinito, de calor.

Tinha sentimentos mágicos na ilha. Lá eu tinha a impressão de ter notícias de minha mãe; o céu parecia falar comigo, contar sobre a vida. Muitas vezes dormia e sonhava, tamanha a sensação de conversar com o céu e com o mar. A areia macia brincava comigo como fazia minha adorada irmãzinha. A escuridão e a solidão do meu quarto eram compensadas pela claridade, pela beleza e imensidão de toda aquela praia, para que eu corresse, brincasse, risse e conversasse. E meu melhor amigo era o mar: ele brincava comigo, com suas ondas me dando um banho de luz para minha alma. Enfim, quando estava lá, podia até conversar muito mais fácil com meus amigos invisíveis.

Sentia que Deus estava ali bem próximo. Ao mesmo tempo, Ele significava ser o Dono de tudo aquilo e Ser tudo aquilo. Nunca consegui definir, até hoje, como entendo ou onde está Deus. Ser, ou Ter, o que separa esse Ser Supremo das coisas, dos fatos do mundo, ou une cada detalhe num todo único? Sim, ali era o que se podia chamar de Paraíso.

Nessa época perdi a noção do tempo. Valia o início e o fim de cada dia. Foi nessa ocasião que contar os dias, meses ou anos, deixou de me importar. O que mudava saber quantos meses ou quantos anos eu ficaria por lá? Ou quanto tempo já fazia que não via mamãe e Clarinha? Nada. O que valia mesmo era poder cuidar de papai, aproveitar os maravilhosos momentos na praia e esperar por algum sinal que me garantisse que mamãe o perdoaria e nos aceitaria de volta.

Escrever na areia era minha brincadeira preferida. Traçava palavras de amor, expressava toda a saudade que havia dentro de mim. O mar, que adorava me chamar para brincar, apagava tudo para que eu escrevesse ainda mais. Falava em voz alta, pedia ao mar que esperasse terminar uma frase para depois apagá-la, mas na maioria das vezes ele me provocava e, então, eu pulava para dentro dele para insultá-lo – e ficava pulando e me divertindo com aquilo.

Mas um belo dia, nessas brincadeiras de fazer pirraça para o mar, perdi o equilíbrio e caí. Apavorada, vendo a água carregar-me para o fundo, devo ter desmaiado; mas depois desse incidente, acordei deitada na areia. Percebi o que tinha acontecido e entendi o perigo de brincar sem limites na água. Mas o que mais me agradou nesse fato foi justamente não me lembrar de ter saído do mar. Então, quem teria me salvado? A ilha que deveria estar assistindo a tudo, com certeza ordenou para alguém me socorrer ou mesmo as ondas que tanto me acariciavam me socorreram. Naquela hora chorei de emoção, senti-me amada, protegida, como nos velhos tempos ao lado da minha irmãzinha e da mamãe.

Foi então em uma certa tarde que, mais segura e mais feliz, resolvi conciliar as duas coisas que mais adorava fazer: escrever e estar naquela praia.

Enfim chegou a hora daquele lindo caderno com coração vermelho na capa, escrito em dourado: Diário. Agora já lia e escrevia muito bem e quando o peguei, como num instante mágico, lembrei-me exatamente do momento em que o ganhei; mamãe falando sobre sentimentos e emoções, de colocar no papel o que se passava no coração. E então comecei a escrever.

Agora tinha todo o tempo do mundo para expor meus pensamentos sobre a vida, sobre as coisas e sobre o mundo.

Por falar em mundo, meu mundo aos poucos foi se ampliando e a solidão que sentia já não era tão doída como antes. Descobri um mundo fantástico de imaginação que existia dentro de mim. Era capaz de ficar uma tarde inteira vivendo o papel da princesa do deserto ou da rainha da ilha, ou mesmo da fada encantada da areia.

Vivia personagens bem intrigantes naquelas tardes, com finais sempre imprevisíveis: ora maravilhosos, ora aborrecidos. Se percebia a melancolia, tratava logo de substituí-la por algo mais otimista. Só desanimava quando chegava a hora de voltar para casa. Aquele final de dia, em que a realidade se impunha, insistia em fazer parte de minha história...

No entanto, esse pequeno desencanto durava pouco, pois papai logo achava um jeito de me arrumar coisas para fazer, de me dar mais de mão de obra, o que me tirava daquelas divagações sobre finais felizes.

Capítulo 10

      Em um daqueles meus passeios, que já faziam parte da minha rotina, passei do horário habitual de voltar para casa. A ilha estava tão maravilhosa naquela tarde que o sol se escondeu sem que eu percebesse.

    Foi quando meu velho conhecido, o mau pressentimento, começou a tomar conta de meu ser. Na minha imaginação, eu até dei um nome para ele: era o "Senhor Mau Pressentimento" que tinha acabado de chegar.

Eu não o esperava. Aliás, um sentimento desse a gente nunca se prepara para receber, nem sabe quando vai chegar. Só chega e pronto, sem avisos ou mais delongas.

Seria bom ou ruim conhecer o Senhor Mau Pressentimento? E quem não o conhece, ou nunca ouviu falar dele, sofre menos ou sofre mais? Existe para que fiquemos alerta ou para que soframos com antecedência? O que nos faz merecer sua companhia, antecedendo uma tragédia? Prevenção, cuidado?

Mas infelizmente ele chegou e tomou conta do meu peito, contraindo-o, apertando-o.

Na volta para casa, cheguei a parar de caminhar; olhei em volta, não vi nada. Imaginei que seria cansaço, pois já era tarde, e firmei o pensamento em coisas agradáveis. Mas essa tentativa durou apenas alguns segundos. A dor era real. Sentia no peito um aperto muito forte, um arrepio, e aquela sensação era a mesma que tivera há uns cinco ou seis anos atrás, quando papai chegou irado em casa. Depois daquele momento, nossa vida virou do avesso.

E o que, de tão ruim, poderia nos acontecer agora? Estava correndo risco de vida? Estava definitivamente perdendo as chances de voltar para nosso lar? Papai estaria muito doente, ou se mataria? Mamãe ou Clarinha estariam doentes? O que poderia ser pior ou estar por acontecer? Por que aquela sensação horrível estava aumentando a cada passo que eu dava?

Apavorada, saí correndo. Corri tanto que cheguei em casa rapidamente, um tanto cansada, com muito medo de entrar e não encontrar papai.

Jamais consegui me esquecer daquele momento, tamanho o susto que levei ao abrir a porta e encontrar papai caído no chão. O lugar em que estava era comum, ele sempre caía por ali, no meio do quarto. O fato de estar deitado e desacordado também era frequente, mas o medo que eu sentia não era comum! Era diferente, pois eu estava apavorada e coisas comuns tinham um significado assustador. Era como se o perigo rondasse nossas vidas e qualquer coisa de mal poderia se precipitar.

Capítulo 10

Falei bem baixinho para que papai me ajudasse a levantá-lo, e como de costume, mesmo dormindo, parece que ele aliviava seu peso. Isso contribuía muito para chegar até o sofá. Talvez não fosse ele quem aliviava o próprio peso, mas alguém que sempre me ajudava a realizar essa complicada tarefa. Só que, dessa vez, fiz isso chorando muito, pedindo perdão a Deus por todos os meus erros, por todas as vezes que quis voltar para casa e culpar papai por não colaborar comigo, mesmo que em pensamento. Pedi perdão ao papai, pedi para que ele não me deixasse, que não se fosse. Disse-lhe que este pesadelo iria acabar logo e voltaríamos a sermos felizes, todos juntos novamente.

Por estar falando sem parar, e chorando, acho que chamei a atenção de papai. Ele abriu os olhos e, vendo meu estado, teve ainda o trabalho de xingar, resmungar e pronunciar palavras nada bonitas. Foi quando, delicadamente, eu o acalmei:

– Durma, papai. Não foi nada, não. Amanhã será um novo dia.

Mesmo sem entender – dava para perceber que estava embriagado – ele apenas bocejou um pouco e voltou para seu sono pesado.

O problema foi que, ao pronunciar aquela frase rotineira que havia adotado desde quando chegamos ali para acalmar as coisas em nossa vida, a sensação horrível se apossou novamente de mim – agora numa fúria ainda maior.

Se eu já estava chorando, desandei a soluçar ainda mais. E ali, ao lado de papai, segurando suas mãos, fiquei a noite inteira, acordada, aflita, angustiada e morrendo de medo.

Pensava no que de tão ruim assim estaria por acontecer, pois da última vez que senti esse aperto, e não fora tão forte assim, perdi minha família, minha casa, meus amigos e minha tão sonhada escola. E agora? O que estaria por perder? Meus sonhos, minhas esperanças, meu pai, minha mãe, minha irmãzinha, nossa casinha, o que seria? Qual a perda que instalaria em minha vida agora?

E se papai morresse ali? E se não acordasse mais? Nessa hora apertei sua mão para me assegurar de que estava realmente vivo. O que faria sem ele? Como voltaria para casa de mamãe sem ele? E se mamãe não morasse mais naquele lugar e nunca mais a achasse? Teria então o mesmo fim dos meus avós?

E se meus amigos de infância olhassem para mim como um mau agouro? E se passassem a fugir de mim? Será que eu me tornaria uma estranha para minha cidade, assim como era aqui?

E agora? O que faltava acontecer? Será que nos últimos meses havia descuidado dos meus afazeres, das minhas obrigações? Então deveria parar de sair todas as tardes?

Se existia alguém me condenando pelos meus atos ao longo da vida, por quais faltas devia pagar agora? Por conseguir me divertir e ser feliz? Claro que não poderia haver julgamento por sentimentos sublimes como diversão e felicidade. Eu já estava delirando. Estava com sono, perturbada, com medo.

Presa àquele turbilhão de pensamentos, vi que precisava desabafar com alguém. Lembrei-me logo da mamãe, é claro, pois só ela me entenderia agora. Fui até minhas coisas, peguei meu diário e escrevi tudo o que gostaria de dizer para ela: minhas divagações, meu coração sangrando, minha alma dilacerada.

Dessa vez, porém, o que escrevia não se comparava àqueles cânticos que rascunhava na areia, ou aos poemas de amor e de saudade que recitava para meus amigos na praia, todos colhidos da minha alma que ardia em fé e esperança.

Não. Agora a chama que ardia em mim definitivamente não era a mesma que me aquecia nas areias, ou nas noites frias, livrando-me da solidão. A chama agora estava queimando. Doía como a carne queimada pela brasa, pelo fogo. O calor estava insuportável. Ardia a alma, ardia o coração.

Diante de tudo, ao menos podia contar com o diário, aquele meu único amigo visível, que ali estava, estagnado, esperando meu fiel desabafo. Enxugando minhas teimosas lágrimas, comecei mais uma vez tentar encontrar respostas para toda aquela aflição do meu ser. Assim escrevi:

Diário, anjo da guarda, Deus, mamãe, ou qualquer um que possa me ajudar. Tanto tempo se passou e papai não progrediu nenhum pouco. Pelo contrário, caiu ainda mais no álcool e em seus problemas da alma. Diga-me, se puder, por que não fui forte o suficiente para ajudá-lo? O que está faltando para que eu faça minha parte de uma forma útil e verdadeira? Alguém, diga para mim, o que é que eu faço? Tire-me essa dor esmagadora do meu peito, tire essa angústia que maltrata meu ser! Deixe-me ser feliz com minha mamãe, com meu papai, com minha irmãzinha e com a Cacá! Deixe-me ir para escola, deixe-me ser aluna da dona Sílvia, deixe-me ter amigas como todas as meninas. Traga o meu sorriso de volta. Por que sinto que tudo está se acabando... e que tudo está perdido?

O que passa com uma alma humana que se recusa a ser feliz? Por que tanto desperdício, tanto desamor, tanta infelicidade? Por que enquanto uns lutam com fervor, com perseverança para serem felizes, outros destroem suas chances o tempo inteiro? O que faz com que as pessoas se machuquem tanto assim e sofram tanto? O que se passa num coração tão incapaz de sentir a Presença Divina? Diga-me, por favor, diga-me por que estou agora sofrendo por papai, se a dor é dele? Ele que a vem cultivando há tanto tempo...

Qual é o sentimento que me leva cada vez mais longe dos meus sonhos, dos meus anseios, da minha família? Diga de quem é essa dor afinal? É minha, do papai, da mamãe ou do mundo? Ela está fora ou dentro de mim? Onde está mamãe, e aquele pai que mesmo emburrado, revoltado, vinha para casa no final do dia?

Por que perdi tudo? O que faço agora com todas aquelas histórias lindas que mamãe me contava? Que personagem seria eu, tão perdida, tão desamparada? Mãe, cadê meu final feliz? Você inventava aquilo tudo ou realmente acreditava nos finais felizes como eu? Mãe, ô mãe, diga para o papai que ele precisa sarar dessa doença da alma para que nosso final não doa tanto.

Mãe, conte para ele aquilo que a senhora contava para mim sobre anjos e amizades. Sobre Deus, pois acho que ele não sabe nada sobre isso. Lembra que a mãe dele não tinha tempo para ensinar essas coisas? Lembra? Lembra que ela cuidava só de si mesma e se esqueceu dele? E agora, mãe, onde estamos todos nós? Por que uma daquelas moças que cuidava do papai não ensinou para ele todas essas coisas? Por que será que nunca ninguém falou nada disso para ele, mãe? Pois agora já é tarde e ele está velho demais. Não quer mais saber de nada: só de sofrer e sofrer... Será que essa é a única maneira que encontrou de se livrar da culpa? E minha culpa, sua culpa, onde está a culpa? Eu só não queria vê-lo jogado no mundo. E agora estamos nós, eu e ele, jogados da mesma forma. Que diferença fiz em toda essa história? Ele queria que eu ficasse aí. Mas ele se afunda cada vez mais em seus problemas. Dói, mãe. Dói ver o papai assim. Ainda bem que ao menos ele come. Pouco, mas come. Talvez ainda faça suas refeições só para me agradar. É, deve ser isso, já que nunca percebo fome nele. Deve ser a única forma de expressar algo por mim. Sim, expressa-se comendo.

Outro dia, enquanto cozinhava, eu estava tão distraída com uma nova ideia que me esqueci de colocar sal na comida. E fiquei admirada quando vi que ele comeu tudo sem fazer nenhum gesto ou sinal de que algo estava errado. Como de costume, eu o observava todo o tempo em que comia e, nesse dia, não houve nenhuma, ao menos uma única demonstração de estranheza. Só depois, quando fui comer o que restava, é que senti a falta do sal. Sal. Sal. Está faltando sal para o papai e ele nem percebe.

Parei de escrever de repente, quando baixou em mim o cansaço. Pensei na mamãe lendo tudo aquilo e achei injusto demais deixar que ela soubesse de todas as minhas aflições. Tirei a folha e a amassei bem; deitei no chão, segurando a mão de papai. Dormi, sonhei, acordei, dormi novamente. Essa noite foi a pior entre todas as outras, entre aquelas em que imperavam o pesadelo, a solidão, a escuridão, a saudade, a dor, a fome e a angústia.

Nessa noite existia um sentimento ainda pior do que todos os outros anteriores, um que sempre fiz questão de manter muito bem guardado, mas que agora tomava conta de tudo e trouxe ainda todos os seus companheiros: o medo.

Era verdade, pois o medo veio arrasando minha fé e minhas esperanças. Ele é muito forte e muito bem amparado pelos seus companheiros, como a tristeza, o desespero, o desequilíbrio, o pavor, a descrença. Por mais incrível e cruel que seja, o medo traz ainda a revolta, que adora torturar os bons e justos de coração, que acabam por cair nas tentações da crítica e zombaria alheia, rindo de tudo o que se faz pela paz, em nome do amor.

Percebendo que o dia já clareava, resolvi sair um pouco; respirar ar puro e ver alguém na rua.

Quando saí, vi o sol nascer, pois ainda era bem cedo. Foi quando tive a certeza de que sempre vai haver um amanhecer depois da tormenta. Independentemente do que nos possa acontecer, o mundo não para jamais, e não há noite que resista à chegada do astro rei, o Sol. Disso eu nunca mais vou duvidar: sempre há de amanhecer!

Junto com o Sol, minhas forças também voltaram, minha mente clareou, e depois de uma noite tão cruel, agora só me restava um corpo cheio de dor, sono e cansaço.

Minha cabeça doía muito. Aliás, a dor também é uma das grandes amigas do medo. Ela adora acompanhar esse sentimento cruel. Mesmo que tardiamente, ela ainda aparece, nem que for só para marcar presença.

Segui meu caminho habitual em busca do velho latão de sobras. Por sorte, dessa vez encontrei tudo bem prático, com algumas frutas do lado de fora, duas batatas e um pedaço de mandioca. Precisava voltar para casa urgentemente. Eu estava fraca, com sono e muita dor de cabeça. Dessa vez tudo parecia estar muito longe...

Resolvi passar aquele dia inteiro em casa, descansando. Deixaria para ir à ilha outro dia; sentia estar mais segura por ali, com papai por perto. Depois teria que fazer mais de uma hora de caminhada até chegar lá e não teria disposição, pois meu corpo estava implorando para que me deitasse. Senti que precisava me recuperar.

Assim fiz: arrumei só o necessário, preparei o almoço e esperei papai acordar. Servi a mesa, comi muito, muito além do que comia, até não sobrar nada da minha parte para o jantar. Mas nem isso me preocupou, porque estava realmente muito faminta. Antes de papai levantar, resolvi falar sobre o que estava me acontecendo, e com muito esforço tentei puxar conversa. Um gelo partindo dele sempre esfriava qualquer tentativa de comunicação entre nós dois.

– Papai...

Ele nem ao menos fez algum gesto de que me ouvia:

– Papai – continuei –, ontem à noite tive a impressão, ou...

De repente ele se levantou e saiu, como se realmente não estivesse me ouvindo. Ou não quisesse.

Estava tão cansada que não quis nem me aborrecer mais. Ignorei o fato e me joguei novamente no colchonete.

Mas aquela dor de cabeça ultrapassava os limites e, quanto mais tentava dormir, mais doía.

Pensei que essa resistência para adormecer naquele horário fosse porque nunca tinha me deitado de dia, apesar do extremo cansaço. Foi então que uma ideia genial me ocorreu no meio daquela incessante luta entre o esforço e o repouso. Pensei no que gostaria de estar fazendo se não estivesse ali, naquela situação. Bem, naquele momento estaria deitada com a cabeça no colo da mamãe, ouvindo suas histórias, ou deitada na praia, inventando minhas próprias histórias. Resolvi conciliar as duas coisas que me davam muito prazer, e a dor parece que automaticamente foi dando espaço para a minha imaginação trabalhar.

Imaginei-me deitada na praia, com mamãe, Clarinha e Cacá, rindo e ouvindo o barulho do mar e suas ondas. Sem perceber, acabei dormindo e parece que não tive nem sonhos. Acordei assustada, sem saber das horas. Deduzi, no entanto, que a tarde estava no fim.

Naquele instante me sentia um tanto abobada, com uma sensação de corpo leve e a cabeça, diferentemente de antes, já não doía mais. O clima estava esfriando e vi que a noite chegava.

Assim como uma experiência nova, senti um relaxamento mental, um momento de criatividade máxima. Tive a certeza de que, naquela hora difícil pela qual havia acabado de passar, fiz uso de toda a força imaginativa, justamente em meu próprio benefício. Troquei toda a agitação e angústia pelos momentos que mais adorava. E, por incrível que pareça, tinha funcionado.

Naquela fatídica tarde descobri uma nova fonte de energia: minha própria imaginação. E, dali por diante, decidi que usaria essa nova força a meu favor. A descoberta me surpreendeu e revitalizou. Levantei e vi que a comida que sobrou do almoço só seria suficiente para papai. Eu havia exagerado mesmo no almoço! Isso nem importava, no entanto, porque eu já estava sem dor e plenamente recuperada.

A noite finalmente chegou e papai também. Por sorte, ele comeu só um pouco e foi se deitar, deixando o resto no prato. Aproveitei a deixa: comi o restante, lavei o prato e, mesmo tendo dormido a tarde inteira, resolvi voltar para meu colchonete. Parecia que não tinha mais nada para fazer. Talvez realmente não tivesse, exceto continuar deitada.

Para evitar que os maus pensamentos surgissem outra vez, atormentando minha noite, pensei que talvez pudesse me lembrar de algumas das histórias da mamãe. Poderia imaginá-las do início ao fim, para dar tempo de o sono voltar.

Assim fiz. Como aquela noite estava fria e muito escura, deitei, cobri-me com aquele pano surrado que havia encontrado próximo de casa, e comecei a imaginar minha história predileta contada por mamãe. Falava de anjos, Deus, de amor. Imaginei todas as cenas, coloquei-as na minha ilha, flutuando entre imaginação e lembranças; com o passar da história, parecia mesmo escutar a doce e meiga voz da mamãe...

Capítulo 11

Usando e abusando de minha imaginação com as histórias de mamãe, acabei adormecendo e acordando só na manhã seguinte, totalmente recuperada de toda aquela exaustão da véspera.

Fui cedo buscar minhas compras. No caminho, resolvi parar um pouco em um banco que havia perto do mercado. Eu raramente sentava ali, por ser um lugar muito movimentado. Ali, parada, pensando em qualquer coisa, olhei para mim mesma e percebi um detalhe que havia me passado totalmente despercebido: eu havia crescido e minhas roupas agora estavam visivelmente curtas! E muito feias.

Então soube que, ao evitar o convívio naquela comunidade, não tendo naquele lugar ao menos um amizade, perdi um pouco a referência de estética. Como eu fora boba: se não conhecia ninguém, quem iria me dizer que minhas roupas já não me serviam?

Apesar de tudo, naquele dia tive vontade de parar e me sentar. Sem saber ao certo o motivo, fiquei ali por algum tempo, observando as pessoas começarem seu dia.

Capítulo 11

Estranhei quando um homem se aproximou e sentou ao meu lado. Fingi tranquilidade, tentando disfarçar o incômodo que senti – não era sempre que alguém se aproximava gratuitamente de mim. Olhei para ele e percebi que era uma pessoa simpática, com o rosto sereno, cabelos sedosos e pretos. Estava muito bem-vestido, mas nunca o havia visto naquelas redondezas. Fiquei realmente perturbada por estar ao lado de alguém tão elegante, eu que estava descalça e vestindo aqueles trapos justos. Num ímpeto, passei a mão no cabelo para conferir se estava penteada. Ufa, percebi que estava! Menos mal.

O incômodo começou a se acentuar, pois aquela figura me parecia familiar, assim como alguém conhecido. Contudo, tinha certeza de que não o conhecia! E por que eu ainda estava ali, no meio daquelas pessoas, com aquele vestido tão curto e rasgado, e ainda mais com aquela sacola cheia de coisas do lixo?

Parte de mim me mandava levantar e sumir dali; eu estava muito feia para ficar ao lado de alguém tão distinto. Mas a outra parte queria ficar, pois senti segurança e afeto naquela presença, coisa inédita em minha vida. Tive a impressão de que o homem me encantava só por permanecer ao meu lado. Muito sem graça, arrisquei virar o rosto de lado, para cruzar seu olhar. Nesse exato momento, ele me olhou profundamente e sorriu.

Emocionada com aquela presença, e divagando sobre o momento, encabulei-me com o sorriso do homem e levei meu olhar para outra direção. Isso foi por um minuto. Quando voltei para fitá-lo novamente, vi que havia desaparecido.

Levei um choque. Desesperei-me, procurando-o por todos os lados. Levantei-me, dei dois passos para um lado, voltei com três pulos para o outro e não o encontrei mais. Não havia nem sinal dele. Como alguém poderia sumir assim? Neste minuto parecia estar lá, e não era sonho, estava acordada, ainda sentia o agradável perfume que ele deixara.

Sim, aquele perfume... Mas é claro! Era o mesmo aroma maravilhoso que senti na tarde que minha irmãzinha passou mal.

Afinal me levantei, triste pelo sumiço daquele moço simpático e perfumado. Levei outro choque quando olhei para o chão e vi um pequeno envelope, que logo peguei.

Segurei firme aquele papel até resolver o que faria com ele. Seria daquele homem que sumiu? E agora, o que faria com aquela carta?

Voltei correndo para casa e levei o envelope comigo. Chegando lá, tirei as coisas da sacola e guardei pelos cantos da pia da cozinha o pouco que havia achado no mercadinho. Naquele dia, quase não tinha nada que se pudesse aproveitar e, infelizmente, a sopa seria rala.

Mas a carta estava me intrigando e fiquei me perguntando se seria certo abrir aquele pequeno envelope e ler o que continha. Fiquei confusa entre a vontade de abrir a carta e o medo de violar a correspondência alheia. Já estava ficando inquieta com aquela situação de mistério! O mais estranho é que o cheiro daquele homem parecia sair do envelope... Fiz o que pude para resistir, mas não aguentei e abri o envelope. Para minha surpresa, assim estava escrito:

Dandhara,
Estarei sempre com você.
Eu te amo muito.

Aquelas linhas exalavam um perfume ainda mais forte e delicioso! Ao ler aquela mensagem, saí correndo em direção ao banco em que eu encontrara aquele homem.

Com o bilhete na mão, interroguei as pessoas que costumavam ficar por ali, algumas crianças, outros homens de meia-idade, para tentar descobrir quem era aquele homem fabuloso e que ainda dizia me amar.

Será que estava ficando louca? Ninguém dali viu nenhum estranho na cidade pela manhã. Só eu...

Mas e o bilhete? Era real, estava em minhas mãos e o cheiro ficava cada vez mais forte. Ele sabia o meu nome. Ele sabia.

Quem acreditaria nessa história? Nem mamãe.

Saí correndo e fui direto para minha ilha. Estava eufórica e precisava dividir essa alegria com alguém; esse alguém seria...

Quem seria? Mas tudo bem, perguntaria ao mar, ao sol, às pedras, aos céus. Alguém haveria de me escutar e me responder o que estava acontecendo.

Fiquei inebriada por horas com o acontecido. Cheirando o papel, lendo e relendo muitas e muitas vezes aquele bilhete, fiquei

Capítulo 11

muito feliz. Era amada! Havia alguém elegante, bem-apessoado, roupas novas, que me amava. Seria um aviso? Um sinal de algo, por tudo que estava passando nestes últimos dois dias? Seria coincidência?

No meio de tantas interrogações e, talvez por ainda estar fraca, eufórica, ansiosa, por um momento pensei adormecer.

Estava deitada na areia, vendo-me, por cima, sem entender coisa alguma do que se passava. Quando olhei para a imensidão do mar, deparei-me com mamãe andando sobre as águas, dizendo-me, como com a voz do vento, pois ventava àquela hora:

– Filha, não volte mais aqui...

Acordei de sobressalto, assustada. Tentei decifrar aquele sonho e entendi que era chegada a hora de pedir ajuda à mamãe. Eu estava realmente no meu limite humano e não aguentaria mais viver sem repartir todas aquelas emoções e sentimentos que estavam me acontecendo.

Isso! Era isso que faria. Finalmente, recebi algum aviso dos céus de que era chegada a hora de voltar para casa. Fiquei muito feliz com essa decisão. Estava certa do que iria fazer. Chegaria em casa, escreveria para mamãe e daria um jeito de essa carta chegar até ela, para que viesse buscar-me.

Na volta, completamente fora do meu estado normal, caminhava confusa, perplexa com todos os fatos extraordinários que estavam acontecendo nos últimos dois ou três dias. Foi quando percebi que aquele terrível pressentimento havia voltado. Novamente aquela sensação voltava a me incomodar.

Tentei lembrar daquele homem que me deixou o bilhete perfumado, mas não adiantou: a dor no peito apertava ainda mais e eu acelerava os passos. Tentei trazer mamãe às minhas lembranças, mas ainda assim o medo se colocava à minha frente. Comecei, então, a suspeitar de que o perigo deveria estar ali, naquele caminho de volta. Então era isso! Devia ter alguém me seguindo e deveria estar correndo um grande risco em fazer aquele percurso. E parece que novamente escutava mamãe dizer para que não voltasse àquele lugar. O que seria tão ruim assim para que até o pensamento de mamãe estivesse ligado ao meu, nessa circunstância de terror e medo na minha vida?

Quando percebi, já estava correndo sem olhar para trás. Entrei em casa ofegante. Pronto: não precisava mais temer, pois ali estaria segura. Agora tinha certeza de que o perigo era aquele caminho para a ilha. Talvez por isso ele fosse tão deserto. Perguntei-me se já poderia ter acontecido algo para que ninguém se interessasse por aquele lugar tão maravilhoso. O que estaria contido na história daquele caminho tão deserto? Por que nem mesmo os turistas se interessavam em conhecer aquele lugar maravilhoso?

Descansei um pouco, tomei água e, depois de alguns minutos, busquei meu diário e escrevi tudo aquilo que havia me acontecido. Descrevi a visão, o estranho perfumado, tudo. Aliviada, agora estava imaginando como escrever para mamãe.

O que falaria? Pediria simplesmente que viesse, sem dizer do perigo? Contaria exatamente o que passei nos últimos dias? Ou apenas faria um resumo bem convincente para que ela não se demorasse e que nos buscasse o mais rápido possível?

Ao me decidir começar a escrever, uma emoção tomou conta de mim, e mesmo que eu não quisesse, as lágrimas começaram a rolar em meu rosto. Fui até minhas coisas, peguei uma blusa, enxuguei meus olhos, tentei controlar minhas emoções e, aos poucos, fui passando para o papel tudo o que havia em meu coração...

Mamãe, minha querida e tão amada mamãe,

Quantas saudades!

Só hoje pude lhe escrever, porque acho que enfim chegou o momento. E eu tive uma visão.

Preciso falar tanta coisa, mas vamos ter o resto de nossas vidas para nos dizer tudo, matarmos as saudades, falar sobre nossas dores e tristezas, pois já estaremos vivendo em plena felicidade, juntas novamente.

Mas agora o assunto é grave, urgente e, antes de continuar, preciso que me prometa que vai perdoar o papai. Por favor, leve-o conosco.

Mamãe, sinto que estou correndo perigo. Não sei bem ao certo, mas alguma coisa grave está por acontecer, só não sei o que e como. É que sinto agora a mesma sensação horrível que tive quando papai entrou furioso em casa naquela tarde. Só que dessa vez seguida de dor e tristeza.

Estou aflita e com medo. Venha, mamãe, venha o mais rápido que puder.

Vou dar um jeito de esta carta chegar o quanto antes até a senhora; talvez eu peça para os homens que descarregam aquelas caixas no porto. Lembro que, quando saímos daí, levamos umas quatro horas de viagem até chegarmos aqui.

E olha, mamãe, a nossa casa não é difícil de encontrar. Quando a senhora chegar à cidade, procure a única ladeira que há por aqui. No final dela tem uma rua que vai dar no começo da cidade, onde já se anda em meio às casas. No final da segunda rua há um mercadinho; ande reto até chegar à Vila dos Camachos, que é a vila mais feia da cidade. Tem uma placa apontando a direção. A nossa casa não tem número, mas é a única amarela do lugar. Mas cuidado para não se confundir, pois o amarelo é meio antigo. Há uma grande árvore em frente e, do lado dela, uma casa de muro marrom, com o portão branco. É a casa da dona Eleonora, mas não converse com ela não, pois é muito esquisita e não gosta da gente. Acho que não gosta nem dela mesma.

Mãe, se a senhora não conseguir encontrar nossa casa, pergunte para alguém da cidade onde mora um homem que está sempre bêbado e caído na rua. Acho que pelo nome ninguém vai saber quem é. Papai é conhecido pelos tombos que está sempre levando. De vez em quando, alguém o traz até aqui. Mamãe, se ainda assim a senhora não conseguir encontrar a casa, pergunte para alguma mulher que estiver lavando a calçada ou conversando na rua se ela sabe onde eu moro. Mas também não adianta perguntar pelo meu nome, pois acho que ninguém aqui deve saber – ao menos não me lembro de ter falado a alguém. Diz como sou e elas irão saber onde moro. Mas não vai dizer como eu sou para senhora, porque aqui as coisas mudaram um pouquinho. Pergunte se sabem onde mora aquela garota alta e magrinha. É mãe, eu cresci bastante, tenho agora cabelos compridos e estou sempre com um velho vestido azul; ou talvez seja melhor não dizer a cor. Se você se lembrar, pergunte da menina que está sempre buscando umas compras bem cedinho lá perto do mercadinho e de vez em quando anda descalça – mas só de vez em quando, mãe.

Quando a senhora vier, aproveite e traga para mim uma roupa que me sirva. Assim eu vou poder chegar aí na nossa cidade bem bonita, tá? Traga também uma sandália, uma escova de cabelo e um perfume. Eu quero encontrar todos os meus antigos amigos sem sentir vergonha. Ah... E se a senhora for pedir alguma informação para alguém, aproveite para dizer que a senhora é minha mãe e veio me buscar. Além disso, que tenho uma porção de amigos! Fale também que eu havia saído para umas férias com meu pai para as pessoas que a senhora encontrar. Diga que sou uma garota boa e que ninguém precisa me evitar, que não sou feia nem esquisita como eles estão pensando. Diga que eu tenho família, que a senhora me ama e que me conta histórias tão belas que eles jamais vão imaginar o quanto. Diga também que o papai não é ruim, nem bêbado. Que no início ele era muito trabalhador, conseguiu ganhar muito dinheiro, que deu o melhor para sua família e que era o melhor pescador lá da praia.

Mãe, venha logo, estou morrendo de saudades. Mãe, eu te amo muito, muito, muito.

Mãe, lembra do material que a dona Sílvia me deu no meu aniversário? Eu guardei esta folha especialmente para sua carta, a carta que me levaria de volta para casa.

Sua filha, Dandhara.

Tomada pelo medo, pela saudade e tristeza, acabei de escrever aquela carta e fui me deitar.

Capítulo 12

No dia seguinte, acordei de um sono pesado e confuso. A carta para mim já era uma incerteza: não sabia se chegaria a tempo nas mãos de mamãe, ou ao menos se chegaria.

Não fui às compras naquele dia; ficamos sem comer. Lembro-me de que devia ter ido ao depósito de gás no dia anterior, fazer a limpeza e deixar tudo em ordem, mas não tive condições. Isso era ruim, pois também não receberia nenhum trocado.

Eu estava extremamente cansada e tinha dores por todo o corpo. Não sabia ao certo o que estava acontecendo comigo, nem o que se passava com meu corpo. Doía, estava quente, tinha febre. Talvez fosse muita coisa acontecendo e não estivesse preparada para todas essas emoções. Escrever para mamãe mexeu muito comigo. Aquelas palavras tocavam fundo meu coração. Sentia remorso, culpa e medo. Acho que estava delirando: sentia fome e frio.

Fiquei ali quieta, deitada, com a carta ao lado do corpo. Dobrei aquele envelope e o deixei dentro do meu diário. Mais tarde resolveria o que fazer com ele.

Não vi papai naquele dia: acho que adivinhou meu estado e preferiu ficar ausente. Passei o dia inteiro na cama. Levantei algumas vezes para buscar água, pois sentia uma sede imensa, quase insaciável. A solidão invadiu minha casa, meu quarto, minha vida. Eu tinha tanto sono, e me rendia hora após hora às suas tentações.

Dormi muito.

No dia seguinte, acordei com papai batendo a porta e saindo. Imagino que essa era a forma de ele saber se eu ainda estava viva, pois quando abri os olhos, assustada, ele ainda estava ali. Olhou-me sem jeito e saiu novamente.

Não tive a chance de lhe explicar que eu estava doente e passava mal. Nunca mais nos encontramos.

Passadas algumas horas, resolvi levantar, embora meu corpo insistisse para que ficasse ali, imóvel. No fundo, sabia que precisava ir ao porto pedir que alguém levasse a carta para mamãe.

Quem sabe teria a sorte de encontrar um daqueles dois homens do dia da fuga?

Mas tudo ficou para depois. Era impossível para mim sair naquele estado em que me encontrava.

No dia seguinte, bem cedo, depois de muito esforço, consegui subir aquela ladeira. Eu caminhava devagar, o sol esquentava, minhas pernas doíam. Cheguei ao porto, onde havia alguns homens trabalhando. Eles estavam terminando o serviço, pois já deveria ser mais de 10 horas da manhã. Meu cansaço bateu ainda mais forte, e, antes de procurá-los, me sentei num cantinho ali por perto, como que tentando me recuperar de toda aquela subida. Justo eu, que subia aquele morro tão facilmente que nem percebia! Naquele dia, porém, as coisas ficaram realmente difíceis.

Um dos homens que ali trabalhava se aproximou de mim e perguntou:

– O que foi, garota, está passando mal?

Olhei assustada. Eu devia estar bem estranha mesmo, pensei. Tão estranha que alguém se deu conta de minha presença, já que isso era raro acontecer. E um homem descarregando caixas não era pessoa tão fácil de se distrair.

Respondi-lhe:

– É, eu acho que sim. Estou com muita sede.

Ele foi até suas coisas e me trouxe um copo com água.

Bebi rapidamente.

– Obrigada, moço – respondi, aliviada.

Ao entregar o copo a ele, olhei em seus olhos e percebi que o conhecia de algum lugar. De repente, a lembrança daquele homem ficou nítida: era o mesmo que levou o recado para a mamãe.

Estava certa. Ele estava ali naquela hora justamente para levar agora a carta para ela.

Depois de ser aquele que sacramentara nossa separação, seria o portador da reconciliação. Era justo que fosse ele. Fiquei animada. Reagi contra meu corpo e, quando ele já estava se afastando, gritei:

– Moço, preciso falar com o senhor!

Quando gritei, parece que até ele se lembrou de mim e voltou dizendo:

– Não grite, garota... Você não é aquela maluca que veio com aquele bêbado, o Ivan?

Falei mais animada para ele, pois era a primeira pessoa que parecia se lembrar de mim:

– Boa memória, hein, moço...

Ele, como me parecia uma pessoa muito irritada, já me perguntou com impaciência:

– O que foi agora? Vai me pedir mais alguma coisa?

Já foi olhando se eu tinha algum coisa para trocar, mas não tinha nada. Eu continuei:

– Olhe, moço, hoje não tenho nada para trocar, mas se o senhor achar minha mãe, pode pedir para ela o pagamento da entrega dessa carta. Com certeza ela vai lhe dar uma grande recompensa. Ela é uma mulher muito boa. E... Se der para o senhor me fazer um outro favor... É que, já que vai pedir uma troca para mamãe pela carta, dá para o senhor me...

Parece que ele não gostou de ficar acertado que seu pagamento seria depois do trabalho, mas acabou concordando e me disse, já apressando:

– Fale logo, garota. Como você enrola! O que você quer? Com essa cara, parece no mínimo que está sem comer há uns bons dias...

Com muita vergonha, confirmei. Realmente, era a primeira vez que eu pedia algo para comer a alguém.

– É isso. Mas não faz muitos dias que não como. Acho que só dois, moço.

Então ele foi até sua sacola, pegou um dos dois pães embrulhados em um saco de papel e me trouxe:

– Só tenho isso. Serve?

Sem demora apanhei o embrulho da sua mão, agradeci e o abri, esfomeada que estava. Ali, naquele momento, comi o mais delicioso pão que já havia comido na minha vida inteira. Era um enorme pão com manteiga. Lembrei-me de que mamãe sempre fazia pão com manteiga no café da manhã, mas eu já nem sabia mais que gosto tinha isso. E aquele pão estava fantástico! Comi tão rápido que o homem me deu o outro pedaço também. Talvez tenha percebido que eu estava com muita fome mesmo.

Depois, observando-me mais atentamente, o homem falou:

– Hei, calma! O mundo não vai acabar...

Sorri, levantei-me e puxei seu braço para tentar diminuir a distância entre mim e ele. Ele se abaixou um pouco e pude beijar seu rosto suado.

– Obrigada, moço. Eu estava com muita sede e com muita fome. E também precisava que alguém levasse esta carta urgente para minha mãe. O senhor apareceu aqui por milagre. Muito obrigada!

Depois de ter-lhe dito isso, dei-lhe a carta. Infelizmente, ele me disse que demoraria um pouco para levá-la, pois estava viajando em sentido contrário da casa da mamãe e levaria alguns dias para voltar. Mesmo assim, a possibilidade de novamente estar vivendo em família me fez chorar compulsivamente e saí correndo pela ladeira.

Não voltei para casa. Lá estava solitário demais. Resolvi que ficaria fora. Sentei-me no banco onde havia conhecido aquele homem do bilhete perfumado e fiquei por algumas horas observando as pessoas passarem de um lado para o outro.

Essa sensação de esperança, de esperar, de espera, foi muito reconfortante. Fiquei tão feliz que resolvi ir à ilha me despedir. Precisava contar aos meus únicos amigos que tudo acabou bem, que mamãe viria nos buscar e que, no futuro, eu traria meus filhos para conhecer aquele tão adorado lugar.

Mais animada, coloquei-me a caminho. No entanto, percebi que algo estava errado naquele dia. O caminho foi mais longo daquela vez – e também mais demorado. Sim, eu ainda deveria estar bem fraca, argumentei comigo mesma.

Quando já estava perto da ilha, talvez a menos de um quilômetro dela, de súbito aquele terrível mau pressentimento me atacou e encheu meu peito de terror. Toda a alegria que estava acumulando para repartir com meus amigos imaginários da ilha se esvaiu facilmente e, em seu lugar, instalou-se o medo. Por um segundo, olhei ao meu redor e senti que estava sendo perseguida. Escutava passos. Então lembrei-me de que mamãe havia me pedido para não voltar ali. Como havia me esquecido de um aviso tão importante? Aquele era um prenúncio dos céus que eu tinha desprezado. Foi sem querer, esqueci-me, pensava.

Fiquei em pânico, pois não tinha como fugir. O caminho de volta era longo. Para onde correr então?

Lembrei-me nesse momento daquele homem perfumado. Parecia que até sentia seu perfume. Olhei para todos os cantos, procurei-o, supliquei por ele, pedi em voz alta, gritei como nunca.

– Socorro, amigo! Me ajuda!

Lembro-me apenas de que caí. Então senti que aquela mão perfumada me levantou.

Capítulo 13

Assim que recebeu a carta, mamãe imediatamente se preparou para me buscar. Chegou às 5 horas da manhã, junto com o navio de carga. Vieram ela e Clarinha.

Foram direto para nossa casa. Estava muito ansiosa e abatida. Não era a mamãe que eu deixei nem a que vi no mar. Estava triste e bem envelhecida. Jamais imaginei mamãe assim.

Elas chegaram em casa enquanto papai dormia. Foram à minha procura e encontraram meu colchonete vazio. Então acordaram papai. Ele ficou confuso, repetindo a todo minuto não saber onde eu estava. Disse que a cidade comentava sobre uma tragédia, mas que não conseguiu entender bem do que se tratava.

Mamãe começou a chorar e a esmurrá-lo. Ficou completamente desesperada. Foi até meu travesseiro, achou meu diário, foi até a cozinha e começou a lê-lo.

Ao lado da mesa havia um papel amassado. Pegou a folhinha, desamassou-a com carinho e pôs-se a ler...

Leu tudo com aflição, colocou a folha na bolsa e saiu para a rua a me procurar. Ainda era muito cedo, mas já havia gente na rua indo trabalhar. Pediu a Clarinha que não saísse dali – e saiu para interrogar as pessoas. Estava histérica, como todas as mães acabam ficando nesses dilemas, e seguiu rumo à ilha.

Naquele caminho houve muita dor e muito choro. Ela olhava para as pessoas da cidade, pensava sobre o que eu havia escrito, sobre minha solidão, o descaso e a indiferença daquela gente. Queria informações sobre a tal tragédia, mas muitos tinham medo de se comprometer e evitavam o assunto. Mamãe chorava bastante, desabafava todas suas dores para aquela gente que não se importava.

Conseguiu poucas informações naquele momento, o suficiente para saber que a dor que sentia era só dela, e ninguém poderia compartilhar tanto sofrimento. Voltou para casa, terminou de ler meu diário, e durante alguns dias apenas cumpriu seu luto, ao lado de Clarinha e de papai.

Vi mamãe muito fraca. Estava sentada na cozinha, tinha na mesa uma folha e uma caneta; suas mãos repousavam sobre a folha e parecia meditar e buscar assunto para escrever. Papai chegou e me pareceu muito estranho, já que não estava bêbado. Há muito tempo não o via sóbrio dessa maneira. Ajoelhou-se perto da mamãe, colocou a cabeça em seu colo e chorou.

Clarinha ficou do outro lado. Ela estava linda! Havia crescido e se tornado uma bonequinha. Mas também estava abatida e triste. Mamãe falou algo para papai, saiu com a carta na bolsa e pegou o caminho rumo à ilha.

Andou devagar, lentamente, tentando colher informações, desvendar mistérios, compreender o que estava acontecendo, o porquê de tanto sofrimento e tanta dor... Ela falava sozinha, caminhava, chorava. Parecia andar sobre espinhos, tal era sua fisionomia de desalento.

Enfim chegou ao meu paraíso encantado. Observou o local como se acreditasse que ali fora realmente meu outro lar, como havia descrito no diário. E estava grata pela hospitalidade que o lugar me ofereceu. Ajoelhou-se na areia e começou a rezar tão profundamente, que tudo ali parecia se calar: o vento, as ondas do mar, as gaivotas; tudo ficou absolutamente silencioso para escutar mamãe falar aos céus:

– Deus, meu Senhor, por que permitiu que Dandhara tomasse uma decisão tão grave? Por que não impediu com todo o Seu Poder sua fuga e agora sua morte? Senhor, por que justo nós, que nos amávamos tanto, tivemos de ter um final tão trágico em nossas vidas? Por que, Senhor? Por quê?

Ela se calou por algum tempo, tornou a chorar compulsivamente e depois continuou:

– Perdoe, Senhor, minha ignorância! Perdoe minha dor. Confio no Senhor, e sei que nada foge ao seu Olhar, e aqui estou para me despedir deste lugar que tanto bem fez para Dandhara.

Nesse momento ela se aproximou do mar e, delicadamente, beijou aquela carta que trazia em suas mãos, e então colocou-a na água, sobre as ondas. Assim estava escrito:

Filha tão amada e tão querida,
(sei que em algum lugar estará lendo minha carta),
Mamãe chegou tarde demais e não conseguiu salvar você.
Perdoe-me por isso.
Perdoe-me, filhinha, por ter desistido de ajudar seu pai, enquanto você, na sua bondade e pureza, deixou-nos para que ele não morresse à míngua.
Você, para mim, é o mais belo conto que já ouvi em toda a minha vida. Será castigo meu, por ter criado tantos contos, ter criado em você mais um deles, só que tão real e tão triste. Será castigo meu ter ensinado sobre sentimentos tão sublimes em um mundo tão cruel?
Um mundo que a fez escrever seu próprio drama e sacrificar sua própria vida para tentar manter a felicidade no final?
Perdoe-me, filha, por ter apresentado apenas finais felizes. Acreditou piamente em mim, mas me esqueci de lhe dizer que na vida real nem sempre tudo acaba bem, e finais felizes existem somente em contos de fadas...
Perdoe-me, filha, por tentar mostrar a você um mundo de sonhos onde a Justiça e o Amor sempre imperam. Hoje sei que, em sua vida, apenas se fizeram presentes, como num pesadelo, a injustiça e a solidão.
Eu a amo muito, sempre amei e sempre vou amar, por toda a eternidade.
Levarei seu pai comigo e cuidarei dele e de Clarinha, enquanto tiver forças para suportar a saudade de você.
Filha, jamais poderia imaginar que fosse embora com seu pai, pois foi para proteger você e sua irmã que o expulsei de nossas

vidas. Naquele dia em que foram embora, quando acordei e não a encontrei em casa, fiquei desesperada. Procurei você por todos os lugares. Foi então que um homem misterioso me falou sobre seu dom, e senti naquele instante talvez o pior sentimento de todos: vergonha perante Deus, por não ter resolvido melhor aquela situação e deixá-la resolver por mim.

A vida foi cruel demais para nós e pagamos pelos pecados de um passado do qual não participamos da semeadura, mas colhemos os frutos amargos.

Vá com Deus, minha filha. Sei que Ele realmente existe e É tão Justo como sempre acreditei...

Vá, querida, com a certeza de que, em algum lugar deste mundo, deve haver um lugar melhor do que este aqui, que a ampare e a proteja com muito carinho.

Até um dia! Quem sabe ainda poderemos nos encontrar e eu volte a sorrir com você.

Beijos, mamãe.

Naquele instante eu estava ali, junto dela, algum tempo depois de ter desencarnado. Queria muito poder falar-lhe, mas como sinal da minha presença me foi permitido apenas derramar uma única lágrima sob a folha. Assim ela teve a certeza de que li sua carta...

Capítulo 14

Acordei algum tempo depois, sem saber precisar o quanto foi esse depois. Ainda estava sonolenta, atordoada. Achei que devia ter sido o tombo que havia levado na estrada da ilha.

Abri os olhos e tive uma surpresa. Eu estava em um lugar lindo, todo branco, muito limpo e claro; fiquei extasiada com tanta beleza e luminosidade. Sem contar aquele perfume...

Onde estava? E aquele homem que me estendeu a mão na hora que caí? Quem seria? Alguém muito rico que me levou para sua casa, para tratar de mim?

Depois fui perceber que eu estava num quarto e não havia mais ninguém nele. Estava só e, pelo jeito, minhas perguntas iriam permanecer comigo novamente.

Quando já pensava em chorar, duas figuras muito distintas entraram no quarto – um moço e uma moça. Vieram em minha direção, sorrindo. Um deles comentou:

– Olhe só, minha amiga, esta mocinha já está acordada...

Bem devagar, a figura feminina chegou perto de onde eu estava deitada e me perguntou:

– Como se sente, Dandhara? Está melhor?

Meio confusa, tentei responder que sim. A verdade, porém, é que não tinha certeza se estava bem ou não, porque as últimas lembranças ainda estavam me incomodando. Estava começando a ficar preocupada, pois acabava de me lembrar de que mamãe poderia chegar a qualquer momento.

Parecendo perceber minha aflição, aquela adorável criatura se apresentou e tentou me acalmar:

– Calma, Dandhara, está tudo bem. Você passou por maus pedaços, mas agora está entre amigos. Eu sou Fabiana, que você conhece, mas que talvez tenha se esquecido.

E apontando para o rapaz:

– Este é Lúcio.

Sorri para eles, demonstrando gratidão. Mas o que comecei a imaginar é que eu deveria ter batido a cabeça e talvez estivesse sofrendo algum tipo de doença, pois tudo ali era muito estranho. Onde era aquele lugar e o que eu estaria fazendo ali?

Durante esse questionamento, a porta se abriu e aquele perfume penetrante tomou conta do quarto. Era aquele perfume, sim, e era aquele homem também. Ele estava lindo, vestindo roupas impecáveis e sapatos brancos. Será que eu teria enlouquecido de vez?

Para constrangimento meu, ele se aproximou, beijou minhas mãos e, suavemente, deu-me boas-vindas:

– Seja bem-vinda, querida!

Como num passe de mágica, aquele sorriso tão suave e encantador aliviou-me de todas aflições. Falei àquele homem:

– Obrigada, moço. Este lugar é muito bonito e vocês foram muito bondosos por me trazerem até aqui, depois daquele tombo lá no caminho da ilha. Confesso que eu estava apavorada. Parecia que estava sendo perseguida, mas caí e não me lembro de como vim parar neste quarto...

Ele, muito gentil, continuou:

– Sim, sim, você ainda está muito confusa. Eu e Lúcio vamos esperar por você lá fora. Vamos conversar e esclarecer tudo. Dirigindo-se à moça, pediu:

– Fabiana, ajude Dandhara a se levantar e a se trocar. Estamos esperando por vocês duas lá no jardim.

Ela parecia gostar de me ajudar. Aquela sensação me deixou tranquila, pois parecia que finalmente teria amigos. Buscou um vestido azul-claro de muito bom gosto e me pediu que entrasse no banheiro, tomasse um banho bem demorado e que me trocasse.

Sem entender nada, fiz o que me pediram. Aquele banho foi maravilhoso! Demorei um longo tempo ali, debaixo do chuveiro. Mas foi um banho diferente também, trouxe-me um bem-estar que há muito não sentia. Estava me sentindo renovada. O que seria tudo aquilo? Será que mamãe estava me fazendo uma surpresa? Será que estava rica e mandou essas pessoas me buscarem?

Resolvi aceitar a surpresa da mamãe sem fazer perguntas. Aquela certeza de que iria me encontrar com ela fazia com que caprichasse mais do que nunca no meu visual. Fora tudo isso, minha alma feminina há tempos esperava por cuidados. E isso fez com que realmente me sentisse linda!

Quando saí do banheiro (e que banheiro!), Fabiana me olhou sorridente e se animou:

– Nossa, como você está linda! Mais linda ainda do que sempre foi.

Tentei retribuir todo aquele carinho num abraço. Saímos do quarto e, para minha surpresa, não estava na casa da mamãe. Impossível sua casa ser tão grande assim! Avistamos os dois amigos sentados no banco do jardim e fomos até eles.

Ambos se levantaram assustados. Parecia que não me conheciam mais. O homem perfumado falou alegremente para Lúcio:

– Quem é, Lúcio? Já viu alguém mais bela?

Lúcio respondeu:

– Nem a gata borralheira transformou-se tanto assim! O que é isso? O que você fez, Fabiana?

Ela respondeu rindo:

– Eu? Não fiz nada. Só fiquei quieta, sentada, esperando que ela tomasse banho e se arrumasse. Está certo que até demorou um pouco mais do que imaginava, mas então me lembrei de que quando se trata de se arrumar, ela sabe mesmo caprichar e o tempo que leva para isso nem sempre é rápido...

Fabiana falou com muita graça, como se fosse uma velha amiga minha, e isso me deixou sem jeito. Imaginei ser uma das minhas grandes amigas de infância que havia crescido, assim como eu. Mas o que me deixava intrigada era não me lembrar de nenhuma Fabiana, nem mesmo das turmas das pequeninas, nem das maiores, muito menos da minha turma. Quem seria aquela garota tão gentil a me elogiar, a me paparicar como se fosse alguém tão conhecida?

Sentamos os quatro naqueles bancos e ficamos nos observando; parecia que ninguém queria dar início à conversa. Eu olhava para os três e a impressão de que os conhecia era muito forte. Depois de algum tempo, uma sensação de amor começou a fluir entre nós, naquele silêncio absoluto. Aquilo me tocou profundamente e tomei a iniciativa:

– Acho que mamãe deve estar muito ansiosa para me ver. Agora que estou pronta, vocês poderiam chamá-la?

Como se tivesse falado alguma bobagem, os três ficaram um pouco apreensivos e constrangidos. Novamente houve um silêncio entre nós. Reiniciando nossa conversa, agora ainda mais constrangedora, aquele homem bem arrumado tentou esclarecer as coisas:

– Dandhara, precisamos ter uma conversa muito séria. Acho que ainda não vou me apresentar, porque de nada adiantaria. Você não está preparada para se lembrar de mim.

Olhando para os lados:

– Nem vou dizer quem são eles... Mas tudo bem, pois você está muito preocupada com sua mãe, atitude natural pelo bom coração que tem e pelas conquistas que fez. Porém, algumas outras lhe faltaram e por isso essa dificuldade em perceber o que lhe aconteceu. Preste atenção: o que vou lhe falar pode não ser exatamente o que você quer ouvir.

Todos ficaram sérios. Nem pareciam aqueles amigos gentis de minutos atrás. Ele continuou:

– Foi preciso trazer você de volta para casa. Essa foi a única coisa que pudemos fazer para evitar que sofresse ainda mais, pois o perigo estava evidente e você não tinha mais chances de se defender. Seu sofrimento iria ser muito pior, talvez irremediável. Já havia sofrido demasiadamente, e traumas sexuais iriam apenas tirá-la do bom caminho...

Surpresa, mas feliz, interrompi o que ele estava falando:

— Para casa? Então não me enganei? Mamãe está me preparando mesmo uma surpresa! Mas que linda casa! Como ficou tão rica assim? Só pode ser que... ela sempre foi maravilhosa...

Como que tentando me impedir de falar, Fabiana apertou meu braço delicadamente, deixando com que ele continuasse. Eles já não pareciam mais tão felizes como no início. O que será que eu estava fazendo para decepcioná-los?

Ele retomou a conversa, já um tanto impaciente:

— Dandhara, vou continuar e gostaria que você não me interrompesse mais, por favor.

Sem graça, fiz sinal que sim. Então, naquele instante ele narrou um final surpreendente de uma linda história, como se não fosse a minha...

— Naquele dia, quando você sentiu um aperto durante o caminho para a ilha, realmente estava sendo perseguida por um louco, que ataca mocinhas e as estupra. Depois faz marcas em seus corpos que jamais são apagadas, para que todos saibam o que lhes aconteceu. Isso sem contar as marcas na alma que deixa, prejudicando irremediavelmente suas vítimas — houve uma pausa, todos estavam quietos. Ele prosseguiu:

— Quando pressentimos o perigo, conseguimos interceder por você, pois, apesar da intuição aguçada e da percepção do perigo, você não estava em condições de se responsabilizar totalmente pelos seus atos. Você havia se submetido a provas muito difíceis e foi muito prejudicada por sua ânsia de proteger seu pai. Foi aliviada de todas as possibilidades de maiores sofrimentos, porque durante toda a sua vida se moveu pela força do amor. E a pureza do seu coração lhe assegurou algumas vantagens em relação à espiritualidade.

Sabia que nunca havia ouvido falar dessa tal espiritualidade. Quando aquele homem pronunciou essa nova palavra, finalmente me dei conta de que alguma coisa séria estava acontecendo. Na hora pensei em mamãe... Será que estava morta? E deixou esses amigos para me receber caso eu voltasse para casa? Sem perceber, lágrimas começaram a rolar em meu rosto.

Senti-me invadida quando o mesmo homem leu meus pensamentos e minhas indagações. Mas, com delicadeza, respondeu-me agora definitivamente:

– Dandhara, preste atenção: sua mãe não morreu. No momento sofre muito porque perdeu você! Agora, é você quem terá de ser forte para ajudá-la a superar essa nova separação.

Já chorando compulsivamente, e sem respeitá-lo, comecei a gritar:

– O que está me dizendo? Eu me visto toda para mamãe, estou ansiosa por encontrá-la, e agora você diz que ela me perdeu? O que quer dizer com isso? Que vou ficar presa aqui e ver mamãe sofrendo? Está certo, concordo que você foi muito bom para mim e fico agradecida por ter me salvado daquele louco. Muito obrigada. Mas isso não quer dizer que eu vá querer ficar aqui com vocês e deixar mamãe sofrendo, procurando-me.

Levantei-me e fui até ele:

– Vou procurá-la e lhe dizer que estou bem, que vamos juntas para casa. Podem deixar que, para onde eu for, ficarei muito longe daquele louco, não tem mais perigo. Volto para casa, encontro-me com mamãe e vamos juntas para nosso verdadeiro lar, com papai e Clarinha.

Continuei olhando para mim mesma:

– Já estou ótima, como nunca me senti antes. Estou bonita, limpa, cheia de vida. Poderei me defender muito bem. Antes eu estava muito fraca, tinha fome e frio, estava doente. Agora não. Sinto que posso até correr, como sempre fiz. Sempre me defendi muito bem, não é mesmo?

Não deixando que eles falassem nada, continuei agora falando mais devagar:

– Olhe, muito obrigada mesmo a vocês três. Há muito tempo eu não sabia o que era ter amigos. E agora me lembro de que é uma das melhores coisas da vida. Mas o problema é que tenho de me encontrar com mamãe! Vocês mesmos me disseram que ela está sofrendo e não saberia ficar aqui, feliz da vida, vendo ela sofrer. Vocês me entendem? Vocês têm mãe e pai? Sabem do que estou falando? Remorso, saudade? Sabem? Já passaram por isso?

Eu não estava necessariamente falando coisa com coisa, estava tentando arrumar um jeito de sair de lá correndo, pois a impressão que me dava é de que dali não haveria saída...

Muito sério, agora, aquele homem – cujo nome eu ainda não sabia – repreendeu-me:

– Você não pode voltar!

A última coisa que fiz naquele momento crucial foi gritar:

– Mamãe!

Capítulo 15

Uma visão tomou conta de meu ser. Lá estava mamãe, chorando naquela paisagem maravilhosa à beira-mar. Aproximei-me dela. Queria dizer que estava ali, mas ela estava tão triste que suas lágrimas calaram minha voz e consegui apenas ficar ao seu lado, quieta. Ela estava com um papel na mão.

O que era aquilo? Seria a minha carta? Aproximei-me ainda mais, e ela colocou-a no mar... Para quem? Cheguei bem perto e, enquanto a folha flutuava no mar, comecei a ler aquelas palavras.

Ao terminar, concluí que nada mais eram do que os sentimentos tristes e sinceros de mamãe. Para aquela imensa tristeza tomar conta de mim foi um pulo. Cheguei perto de mamãe, tentei olhar em seus olhos, que estavam vermelhos de tanto chorar. Notei que muitas rugas já faziam parte de sua fisionomia, mas mamãe ainda devia ser tão nova! Alguns anos se passaram e ela estava extremamente envelhecida. Cabelos brancos, ombros caídos... Onde estava a mamãe que eu havia deixado para trás?

– Mamãe, o que foi que eu fiz?

Ela estava mais triste do que nunca. Arrependi-me. Como pude ser tão cruel assim? Vê-la ali naquele estado lamentável, chorando, sofrendo e ainda perturbá-la com minhas perguntas?

– Perdoe-me, mamãe – insisti. E repeti:

– Perdoe-me...

Vendo que ela não reagia às minhas súplicas, comecei a gritar. Mas ela ainda não me escutava.

Deixei-a sozinha. Com todas aquelas coisas que eu disse em minha carta, ela ficou ainda mais apreensiva, mais angustiada. E ainda por cima eu sabia que não estava ali para me encontrar com ela. Que desastre causei! O que fiz com minha querida mamãe? Abandonei-a para ficar com papai e de nada adiantou.

Por que fiz isso se papai não queria ficar com ninguém? Por que me achei melhor que mamãe, pensando poder mudá-lo, se nem ela mesma, que foi seu grande amor, conseguiu transformá-lo? Por que fui me intrometer em seu destino? E agora...

– Perdoe-me, mamãe.

Eu a abraçava, mas ela não reagia. Somente chorava e chorava. Um murmúrio que parecia não ter fim.

Comecei a ficar aborrecida com aquela situação: por que ela estava me ignorando? E outras coisas estranhas estavam acontecendo. Do lugar de onde eu estava, tinha impressão de estar pairando sobre a água, como que flutuando. Era muito estranho!

– Mamãe, eu estou aqui. Perdoe-me por ter feito você sofrer tanto. Agora vamos para casa, vamos? Eu cuido da senhora! Olhe para mim e veja como estou bem! Tenho roupa nova, estou limpa e perfumada. Mamãe, esqueça o que estava escrito no papel. O que importa é agora, e tudo já passou.

Uma mão pousou nos meus ombros. Olhei para trás e encontrei meu amigo perfumado. Logo o abracei e comecei a chorar.

Não sei quanto tempo ficamos ali, eu e ele, sentados sobre a água, observando mamãe. Cortando de súbito aquele silêncio, dirigiu-me a palavra delicadamente:

– Minha querida, vamos embora. Você já sofreu o bastante por aqui. É chegada a hora de cuidarmos de você. Há muito o que fazer por ela no "mundo de lá". Eu prometo ajudá-la. Mas agora vamos, pois seu lugar não é mais aqui, e você só vai piorar as coisas se martirizando e se culpando por tudo e por todos. Você fez o que achava que deveria fazer. Foi melhor assim.

Justamente por seu pai é que você estava aqui. Não se arrependa, porque para prosseguir seu caminho era preciso tentar mais uma vez, e você tentou. Você quis assim: abriu mão de muitas vantagens que já possuía por direito aqui na Terra, vantagens essas conquistadas com muito suor e muita dor. Tudo para ajudá-lo. Também Aurora assim o fez. Vocês duas traçaram um caminho arriscado, já que poderiam não triunfar. Pelo contrário, poderiam se machucar muito. Mas foi uma escolha com riscos, e agora não vai adiantar nada você ficar ao lado de sua mãe, desesperada deste jeito. Nada poderá amenizar sua dor neste momento – só o tempo. Vamos, logo ela virá também.

E ele continuou com suas palavras de carinho e conforto:

– Você é uma boa garota, mas precisa aprender muito sobre os desígnios de Deus e sobre as leis espirituais. Existe muito o que fazer, mas todos nós temos que respeitar as duas leis mais importantes: a do livre-arbítrio e a da ação e reação, ou seja, a lei do carma. Ninguém conseguirá colher flores se só plantou espinhos em seu jardim. E, por mais que amemos alguém, é preciso deixá-lo para que aprenda, que cresça. Você tem um bom coração, sabe dar o devido valor à família, entendeu bem o que é respeito, solidariedade, altruísmo, paz interior, bondade, paciência, perdão, só que não compreendeu que existe um Criador, que tudo vê e tudo sabe. E que cada um é responsável por si mesmo e, por melhores intenções que tenhamos, não podemos interferir no crescimento alheio, seja de quem for, exceto por bons exemplos, boas palavras, pelo amor e por orações. Mas impedir que esta ou aquela pessoa cresça por seus próprios méritos não tem fundamento nem propósito. Querida, nunca se esqueça que a Misericórdia vem lá de cima.

Enquanto falava, olhava para o alto. Foi adiante:

– Não podemos ser guiados por dó, esse sentimento que diminui o verdadeiro potencial que existe no ser humano. Ele faz com que as pessoas se sintam mais fracas e mais vítimas do que realmente são. Também faz com que saiamos dos nossos caminhos para carregar o peso alheio, que se confunde facilmente com solidariedade, pois é movida pela emoção e não pela razão. E ingenuamente é comparsa do inimigo, que impregna nos bons esse sentimento, que tenta confundir as Leis Divinas, a Justiça Maior. Desse modo, quando achamos que temos o poder de interferir na vida do outro, quebrando e ultrajando as leis, somos apanhados de surpresa pelas forças malignas e nos sentimos mais uma vítima da vida. Ficamos ansiosos, atrapalhados, e aí vem a decepção, a desilusão humana e nos perdemos dos nossos propósitos verdadeiros. Não existe ninguém inocente, ninguém que pague ao Criador o que não deva, pois isso seria afirmar que o mundo não tem organização, que as coisas acontecem por acaso. Existem anjos por todos os lados, que protegem os justos e os bons, e existem em número muito maior anjos caídos, que são atraídos pelos pensamentos e atitudes perversas. Nem assim, com todo o poder e a Luz dos Soldados de Deus, não podemos interferir no livre-arbítrio de cada um, por mais que isso nos custe. Vamos, Dandhara, deixe sua mãe com seu pesar. Nada vai aliviar sua dor neste momento – só o tempo cuidará disso. Garanto que, em breve, vocês estarão juntas novamente e serão felizes como sempre desejaram ser.

Aquelas palavras eram lindas demais e, quanto mais ele falava, mais perfume exalava. O ar estava tão perfumado que tive a impressão de que mamãe também estava sentindo aquele aroma de paz e tranquilidade. Fui acalmando até parar de chorar. Comecei a compreender tudo o que estava se passando. Olhei para ele; estava impressionada com tamanha doçura e lhe perguntei:

— Qual é seu nome?

Ele sorrindo respondeu:

— Desculpe-me, Dandhara, mas não vou dizer meu nome. Vou deixar que você se lembre de mim, lembre-se de Lúcio e de Fabiana. Se não lembra de nada, não vai adiantar se eu lhe disser meu nome, ou quem sou e por que estou aqui. Você está muito ligada aos sofrimentos que passou recentemente e é preciso que o tempo se encarregue de livrá-la dessas amarras da dor. Quando você se soltar, verá que o mundo é imenso, maravilhoso e justo. Exatamente como sempre acreditou.

Sorrindo, continuou:

— Pode parecer bobagem o que lhe falo agora, mas a felicidade não é algo impossível, pois você correu atrás dela por toda a sua vida, insistiu e manteve a certeza de que a alcançaria. Felicidade no seu sentido mais amplo você vai conhecer a partir de agora. É só deixar que as coisas fluam normalmente. Ah, e, por favor, não fica bem você sair por aí me chamando de senhor.

Ele sorriu, abraçando-me.

Naquele momento pude sentir um amor muito grande fluindo de seu coração. Não sei como explicar, mas sentia ondas de ternura e carinho nos envolvendo e, assustada, tentei me desvencilhar dessa sensação. Estava confusa, agitada, com receio de sentir algo bom bem naquela hora.

Olhei para mamãe e pensei que, naquele momento máximo da sua dor, deixá-la e correr atrás da minha felicidade era um tanto quanto egoísta e cruel. Olhei muito séria para ele e lhe implorei com todas as minhas forças:

— Atanael!

O nome me ocorreu sem que eu percebesse. Ele sorriu feliz e apertou minhas mãos enquanto me ajoelhava à sua frente.

— Lembrei do seu nome, Atanael, mas não sei quem você é ainda. Talvez me lembre logo, mas imagino que deva ser meu anjo da guarda, meu protetor. Como sua afilhada, protegida ou amiga, quero lhe suplicar com todo amor que tenho por mamãe, que me deixe ficar com ela, por favor!

Ele ficou decepcionado com meu pedido. Parecia não concordar e saiu de perto. Pediu que esperasse ali por ele. Voltou algum tempo depois, abraçou-me com carinho e gentilmente me propôs:

– Você terá que me acompanhar e depois de algum treino terá permissão de vir visitá-la sempre, até que Aurora desencarne. Mas desde que você esteja em condições ideais para isso, combinado?

Sem ter palavras para expressar minha gratidão, abracei-o. Em pensamento prometi a mim mesma fazer o melhor para voltar o mais rápido possível, pois não deixaria mamãe por nada.

Capítulo 16

Enfim, chegamos à nossa verdadeira casa, local em que nasci e fui criada com papai, mamãe e, depois, Clarinha. Onde vivi meus maravilhosos momentos de infância. Onde fui, um dia, muito feliz.

Porém, ao ter acesso novamente à visão de minha querida casinha, fiquei decepcionada, pois já não era mais tão bonita e alegre. Parecia que, naqueles últimos tempos, viveram ali alguns hóspedes indesejáveis, como a tristeza, o desespero, a angústia, a saudade e a melancolia. Em poucos anos, aquele nosso lar perdeu a vitalidade e a graça, e tudo ali agora também parecia com mamãe.

Ela deixou papai ficar em seu quarto e ficou no outro cômodo com Clarinha, dormindo na minha cama. Eu esperava que todos dormissem, acomodava-me perto da mamãe e ali passava algumas horas, conversando com ela enquanto seu espírito se desprendia do corpo.

Aprendi sobre assuntos e comportamentos interessantes no curso intensivo no qual Atanael me matriculou. Eu me revezava prudentemente entre "lá" e "aqui". De vez em quando, era obrigada a me ausentar de casa por um período bem maior do que gostaria, mas ordens são ordens! E todas as vezes em que me apegava, a ordem era expressa: separação total.

Esses exercícios de desapego foram muito interessantes e úteis nesta nova jornada. Ah, se eu soubesse disso antes...

Capítulo 16

As melhoras da mamãe foram visíveis com as nossas conversas noturnas. Mas o desequilíbrio orgânico já estava comprometendo sua qualidade de vida, e nos restava agora esperar que seu momento chegasse.

Continuava a ser sua fã número um, pois mantinha intactas todas as virtudes que demonstrara anteriormente. Mamãe sempre foi uma pessoa muito boa, generosa e paciente. Eu, da minha posição, adorava presenciar momentos de carinho e proteção que tinha com Clarinha e com papai. Ela conseguia viver espalhando toda aquela doçura do seu ser.

Não se queixava. Não se abria com ninguém a respeito da dor que inundava seu coração. De sua boca saíam apenas palavras que falavam sobre a paz, sobre o amor, sobre Deus. Havia nela uma contradição que custei a entender. Transmitia amor, mas parecia que seu corpo estava vazio, que o amor que ela jorrava para o mundo não preenchia seu coração. Irradiava paz para as pessoas que vinham pedir-lhe algum conselho, alguma ajuda – mas dentro dela havia uma sede enorme de consolo.

Ajudava as crianças da redondeza, oferecendo-lhes carinho e atenção; contava histórias que as faziam mais fortes – mas começava a dar indícios de que ficava mais fraca a cada dia. Olhava para mamãe e sentia nela um ar de desapego com a vida e as coisas materiais. Existia somente, e acima de tudo, um comprometimento com os sentimentos sublimes. Atanael simplificou tudo numa só palavra: abnegação.

Em seu silêncio quase absoluto, não deixava um minuto sequer de conversar com Deus, pois enquanto a voz calava, o coração orava.

Depois que eu e papai saímos de casa, mamãe deixou de trabalhar no mercado. Ficava todo o tempo com Clarinha, o que comprometeu os ganhos para a manutenção do lar. Sim, os gastos eram menores, mas a falta de dinheiro aumentou. Para dar solução imediata a isso, aconteceu muitas vezes de vender os bonitos enfeites que tínhamos – principalmente aqueles da nossa sala – para comprar comida.

Certa vez, foi até a casa de dona Sílvia tentar vender uns quadros. Ali, no entanto, ela encontrou mais do que solução temporária para seus problemas. Ele foi agraciada com uma sólida amizade.

Dona Sílvia ofereceu-lhe, também, um emprego na pequena escola que mantinha anexa à sua casa. E como Clarinha não dava o menor trabalho, permitiu que a acompanhasse, resolvendo, assim, outro grande problema de ordem prática na vida de mamãe.

Na sua nova função, mamãe ajudava os alunos que tinham dificuldade de aprendizado. O que ganhava era suficiente para viver com tranquilidade, sem se importar mais com problemas financeiros. Posteriormente, dona Sílvia convidou mamãe para morar ali, já que a casa era muito grande. Apesar de gostar do convite, ela optou por continuar a morar na antiga residência, já que alimentava a esperança de que um dia voltaríamos para casa.

Mamãe não havia nos tirado de sua vida. Estava apenas esperando pelo momento de nos receber de volta. Atanael me contou tudo isso e muito mais do que se passou durante nossa ausência, para que eu ficasse sempre a par do que aconteceu. Ele sempre vinha visitar-me depois de buscar notícias sobre o estado de saúde de mamãe e ajudar a todos ali em casa, especialmente Clarinha, que em pouco tempo ficaria à frente de todas as responsabilidades.

Algo novo acontecia comigo. Estava ficando ansiosa para encontrar Atanael; suas visitas e todos os momentos que passávamos juntos eram divinamente especiais. Ele insistia em não me contar sobre sua vida; parecia guardar em segredo algo muito importante sobre nós e, quando o apertava com perguntas, sempre me respondia:

– Dandhara, não sou eu que vou lhe responder o que quer saber, e sim você mesma.

Isso me intrigava ainda mais, mas acabava por me envolver com os problemas de casa e deixava esses pensamentos para depois.

Mamãe adoeceu aos poucos. Clarinha aceitou novas funções com responsabilidade, apesar de ter apenas dez anos. E assim passou a cuidar com desvelo de mamãe e papai, sem reclamar. Ela também teve que deixar a escola nesse período. Quando papai voltou para casa, mamãe resolveu ficar com ele, pois estava muito enfraquecido.

Mas mesmo nos horários de mais sossego, Clarinha estudava e, seguindo o dom da família, adorava escrever. Nessas horas ficava ao seu lado, acompanhando-a nos estudos; era testemunha dos seus acertos e dos seus progressos.

Houve uma tarde em que Atanael estava a observar Clarinha comigo. O silêncio em casa era total, papai estava no bar da frente, mamãe estava dormindo e ela se sentou para escrever. Expressava-se por meio das poesias, uma mais linda que a outra.

Fato curioso é que, observando-a a escrever, jamais poderia supor que um dia seria uma famosa poetisa; quem me disse isso foi Atanael. Disse-me também que o poeta tem o dom de colocar no papel, de forma singular, todos os sentimentos e emoções que o envolvem e daqueles que o rodeiam.

Clarinha tornou-se uma garota excepcional. Eu não me cansava de admirá-la, de observá-la nos mínimos detalhes do dia a dia. Era doce como mamãe, ao mesmo tempo que era severa quando precisava ser. Várias vezes pude presenciá-la sendo enérgica, falando coisas difíceis de serem ditas, principalmente para papai. Mas ela compreendia que precisava dar conta de tudo, pois estava só e que papai não a respeitaria também e, então, era preciso agir assim. Incrível acompanhar como funcionou. Era como lidar com uma criança: papai precisava ouvir duras repreensões para aprender quais eram os seus limites. Jamais fiz isso. Chamar a atenção dele, nunca. Mamãe também sempre o tratou com excesso de amor e carinho. Talvez tanta compreensão de nossa parte tenha lhe custado o próprio respeito, depois a falta de limites e, por fim, a separação da família.

Naquela tarde estava tão ligada a ela, fazendo essas reflexões sobre ser firme e ser compreensiva, sobre o limite entre o consentimento e o abuso, que pude observar: papai se comportava de maneira mais leve com Clarinha. Não a xingava, não a maltratava nem levava amigos para dentro de casa.

Nós duas tínhamos muitas coisas em comum: amávamos as mesmas pessoas e nos amávamos mutuamente. Em suas orações, sempre se lembrava de pedir por mim.

Assim o tempo passou. E rápido! Estava fazendo já quase dois anos de minha partida e eu permanecia entre os cursos, as visitas de Atanael – que eram sempre bem-vindas! – e os cuidados em casa.

Foi um período de muito aprendizado. O que aprendia nas aulas que frequentava, nos cursos intensivos dos quais participava, juntamente com a permissão de visitar constantemente minha família, enriqueceu meu espírito sedento de conhecimento.

Ainda não havia desenvolvido o poder da visão. Atanael me alertou que era melhor que distinguisse apenas as cores e a luminosidade. Aprendi que, se você não está pronto para ver, é melhor permanecer cego. Custei a entender o porquê de não poder ver outras formas que ali se apresentavam, mas num simples exercício constatei que aquilo não seria importante para mim agora. Tinha muito com que me preocupar e isso me desviaria dos cuidados a que me submeti. Também não devia ser vista ali, exceto pelo meu anjo querido.

Clarinha e mamãe sempre estavam iluminadas, ao contrário de papai, que parecia estar em imensa escuridão.

Naquela época se tornou muito mais difícil chegar perto dele do que quando estava encarnada. Tinha muitos amigos inseparáveis e eles não gostavam nem um pouco de sentir minha presença. Pior: irritavam-se comigo.

Agora, finalmente, percebia que ele não estava sozinho nesse caminho do vício; havia muitos companheiros junto de papai, sempre o assediando, todos ávidos para também consumirem o álcool com ele.

Quando enfim conseguia ficar por um tempo ao seu lado, falando de amor, da mamãe, da Clarinha, seus comparsas acabavam por enjoar de escutar. Segundo eles, o que eu dizia era uma baboseira sem fim, e se afastavam dele. Como num passe de mágica, papai voltava para casa mais cedo. Isso demorava muito; era preciso tempo suficiente para impregnar aquele ambiente hostil ao amor, desejando a todos que ali estavam paz e tudo aquilo mais de que eles precisavam, mas que tinham medo de procurar.

Então muitas vezes voltamos juntos, e coincidentemente isso se dava quando dona Sílvia ficava com mamãe, em suas visitas semanais. Clarinha podia ter um pouco mais de sossego, pois papai chegava cedo e ia direto para a cama.

Clarinha era uma garota feliz. Ela cumpria suas obrigações, pois agora cuidava sozinha da mamãe que, por sua vez, já estava muito adoecida. Além de tudo, arrumava tempo para brincar com suas amiguinhas – sempre discretamente, é claro, para não incomodar ninguém. Era uma garota que mantinha seu coração puro, sem questionar, sem reclamar, sem sacrifícios. Tudo o que fazia era muito natural; tomava conta de todos os assuntos e não se abalava com nada. O que será que lhe dava tanta certeza de que estava certa? Conseguia aprender coisas novas com a mamãe que eu não aprendi? Como ser forte e impor condições? Conseguia entender, mesmo tão nova, que mamãe era muito especial e papai era um coitado sem juízo?

Quando era necessário, Clarinha era tão séria que até os bêbados tinham receio de entrar em casa. Não gostava dos bêbados, exceto de papai. E papai, chegando ali, agora ouvia as regras de Clarinha, que já havia tomado posse da casa, desde quando mamãe não conseguiu mais ter forças para se levantar. Sentada, junto à mamãe na cama, a ouvimos falar muito diretamente com papai:

– Papai, precisamos ter uma conversa muito séria.

Ele tentou sair da cozinha, mas ela o segurou e foi muito direta:

– Fique aí e espere eu terminar. A mamãe hoje não se levantou. Algo me diz que a partir de agora é ela quem vai precisar de nós. Eu espero que o senhor colabore comigo, não me trazendo nenhum bêbado para dentro de casa e que, de preferência, também não caia na rua, porque não tenho condições de trazê-lo para casa. Certo?

Ele abaixou a cabeça, concordou sem pronunciar nenhuma palavra e saiu.

Depois dessa conversa, nunca mais o vi cair na rua, muito menos trazer seus amigos para dentro de casa. Sinceramente não sei como isso foi acontecer. Foram anos e anos repetindo este fato: cair na rua. Clarinha soube mesmo mostrar-lhe o que queria ou, quem sabe, fizeram isso por ela.

Em uma de nossas conversas, passeando pela escola da dona Sílvia, Atanael me surpreendeu com uma revelação extremamente confortadora. Disse que Clarinha herdaria aquela grande casa e as salas de aula. Mais: que ali seria uma escola de verdade, com todos os quesitos para tal. Falou também que tudo isso já estava programado na espiritualidade, e que ela seria uma figura importante, respeitada como uma verdadeira mestra do ensino. Sua bondade e sabedoria seriam fundamentais para melhorar a vida das pessoas humildes daquele local.

Fiquei surpresa e minha curiosidade parecia estar estampada em meu rosto. Para me contrariar, meu querido anjo resolveu de novo ler os meus pensamentos – logo aqueles que eu não gostaria que fossem revelados, pois era apenas curiosidade. Mas, muito bem-humorado, me disse, sorrindo:

– Mulheres, verdadeiras românticas! Aposto que quer saber por que Sílvia ainda não encontrou seu amor há tanto esperado...

Sem graça, sinalizei que sim com a cabeça. Ele carinhosamente me falou:

– Lindos romances, finais felizes e imediatos são pura ficção! Todos nós ansiamos por encontrar alguém com quem possamos compartilhar nossas vidas, nossos momentos especiais, nossas alegrias... Mas esse amor tem que ser trabalhado. Tem que ser conquistado pouco a pouco. Uns levam uma vida inteira ou até muitas existências para fazer de seus casamentos e de suas uniões verdadeiros romances. É preciso entendimento, perseverança, determinação; pois somente quando existe muita doação de si mesmo, muita alegria em poder compartilhar nossos sentimentos e nossas emoções é que conseguimos atingir os propósitos de grandes romances em nossas vidas.

Estava maravilhada com o que escutava, e ele continuava:

– Diga-me, Dandhara, quem é que está disposto a servir, amar, compartilhar, cuidar, persistir e investir num romance duradouro e real? Quem não quer um companheiro ou uma companheira perfeita, que o aceite com todas as suas falhas, que viva apenas as maravilhas da existência, que tenha muitas virtudes e que não cobre nada? Qual pessoa iria desprezar alguém que lhe desse tudo, no sentido material e emocional, e não pedisse nada em troca, apenas sua companhia? Você realmente acredita nesse tipo de amor, um amor egoísta, absoluto? Individual?

Ele falou com tanta certeza sobre o amor, com tanta convicção, que fiquei profundamente enciumada daquela que deveria ocupar o seu coração. E me calei durante um bom tempo.

Capítulo 17

Algum tempo se passou e mamãe enfim retornou ao nosso lar espiritual. Havia muitos amigos esperando por ela. Durante o período em que estive acompanhando a vida de nossa família e, consequentemente, daquela cidadezinha, sua passagem foi a mais natural que presenciei. Realmente muito simples e fácil para ela. Durante um sonho bom, foi trazida por seus amigos até onde estávamos.

Capítulo 17

Fiquei ansiosa para abraçá-la, razão pela qual me impediram de estar presente nesse seu último sonho daquela encarnação. Eu me senti realizada com sua chegada, embora com receio de deixar Clarinha naquele mundo. Porém, para minha alegria, ela não ficou desamparada; tinha a dedicação e a amizade de Sílvia, que, naquele instante doloroso, acolheu-a como a uma filha.

Papai não viveu muito depois que mamãe partiu. Ao meu ver, parecia que não se importava com ela. Engano meu. Quando se deu conta de que não tinha mais a companhia de mamãe, seu sofrimento ficou claro. Chorou muito. E depois o choro passou a ser uma constante, sempre que se lembrava dela. Mamãe talvez nem desconfiasse em vida, mas realmente estava certa quando acreditava no seu jeito distante de amá-la.

Que agonia quando a hora de papai finalmente chegou! Infelizmente não teve o mesmo mérito de mamãe, nem foi recebido como gostaríamos que fosse. Eu, mamãe e Atanael estávamos ali, acompanhando os acontecimentos, sempre na tentativa de interceder por ele. Mas papai não nos ouvia nem enxergava.

No exato momento em que parou de respirar, foi recebido por um estranho casal, que já ali deu início a uma cena horrível. Jamais havia presenciado tal coisa: ele se desvencilhando do corpo físico e aqueles dois transfigurados puxando-o sem a menor compaixão, xingando-o, humilhando-o na frente daqueles conhecidos amigos do bar.

Todos riam sem piedade; alguns bêbados – também soltos do corpo – gritavam e zombavam de forma grotesca e assustadora. Todos pareciam não ter coração. Com isso, eu e mamãe ficamos totalmente desoladas. E tentando nos aproximar, Atanael nos segurou e pediu para que não interferíssemos na situação.

Revoltada, gritei:

– Por quê? Por que papai está sendo recebido desse jeito? Ele não foi ruim! Não matou, não roubou, não bateu em ninguém. Vivia sua vida, mesmo que mal vivida, mas que eu me lembre sua família foi a única prejudicada com seu mau comportamento, e agora essas pessoas ficam humilhando-o deste jeito. Por quê, Atanael? Que injustiça!

Ele não quis nos explicar naquele momento tão angustiante. Reservou-se a dizer apenas que estávamos muito emocionadas e tudo o que se falasse serviria apenas para confundir ainda mais. Sugeriu discutir o assunto quando fosse mais apropriado.

Insisti mais uma vez:

– Diga-me Atanael, tudo isso é ou não uma injustiça? – angustiado da mesma forma com a cena deplorável, ele me respondeu, tirando-nos dali:

– Calma, Dandhara. Se você quer mesmo saber, isso não é uma injustiça.

É incrível como Atanael me fortalecia para enfrentar os fatos como se apresentavam, do que realmente estava acontecendo com papai. Mas esse momento foi ficando para trás. Durante muito tempo ainda eu e mamãe tentamos nos aproximar dele, mesmo em vão. Percebi também que papai só enxergava quem não o amava. Por isso fomos naturalmente nos afastando de seu caminho.

Por outro lado, seguíamos, sim, nossos rumos, com nossas tarefas sempre interessantes. Mamãe passava seus dias recebendo as crianças que chegavam. Sempre procurava distraí-las com sua delicadeza e suas histórias. Mais do que isso: doava a elas seu amor.

Já o meu trabalho era junto de Atanael. Aliás, seus afazeres me surpreenderam, já que eu achava que anjos não precisavam trabalhar – apenas cuidar de seus afilhados.

Quando o interroguei sobre isso, ele riu muito. Disse-me que não era um anjo, mas que me protegia por opção própria. Tinha suas tarefas e seu caminho. Então fiquei confusa e muitas perguntas surgiram em minha mente. Por que ele havia de querer me proteger se não era um anjo? O que nos ligava e quais as razões, se me lembrava somente de seu nome e mais nada? Ao mesmo tempo, como eu não conseguia mais ficar longe dele? Evitava falar-lhe disso, pois já havia percebido sua angústia quanto ao meu esquecimento. Era nítido seu desapontamento todas as vezes que conversávamos a nosso respeito.

No entanto, nosso convívio era maravilhoso. Passávamos o dia todo juntos, visitando a Terra para levar consolo aos leitos dos hospitais. No início achei essa tarefa muito triste, pois passávamos horas ao lado de pessoas sofrendo e gritando, muitas agonizando. Havia também os revoltados e desenganados, com suas vidas sofridas e entristecedoras.

Entretanto, algumas pessoas eram diferentes: pessoas de fé, que ostentavam coragem e força diante das dificuldades. Com o tempo, fui me acostumando e percebi que era gratificante aliviar a dor alheia. Mesmo que para alguns fosse somente por alguns instantes, a paz que conseguíamos levar a todos compensava as horas de amargura. Trabalhar ali já não representava mais tristeza para mim, e sim uma oportunidade de consolar corações aflitos. Sem contar que socorrer o próximo sempre foi uma questão primordial para mim.

Aproveitávamos nossas folgas para visitar Clarinha, que demonstrava estar cada vez melhor. Passou a morar com Sílvia em uma harmonia invejável. Era de se admirar a paz que as duas desfrutavam naquela casa, mesmo sendo duas pessoas sem laços sanguíneos. A amizade das duas era muito forte. Havia confiança. Havia solidariedade. Percebíamos nas pequenas atitudes como elas se prezavam; não havia mágoas, ressentimentos, nem raiva.

Clarinha, que desde cedo viveu um pesadelo familiar, estava segura ali. Tinha amor e paz, tudo de que sempre precisou. Minha tranquilidade a respeito de Clarinha se perturbou quando Atanael, angustiado, mencionou sobre uma doença que Sílvia desenvolvera.

Sem rodeios, Atanael foi em frente em suas explicações:

– Sim, Dandhara, ela vai desencarnar em breve. Sua irmã passará por um período muito doloroso, pois as duas estão juntas há muitas vidas. Essa separação, embora faça parte de seus desígnios, realmente acarretará a elas muito pesar e solidão. Mas não há o que possamos fazer. Tudo faz parte de um projeto no qual concordaram, e se Clarinha conseguir se manter assim, como tem feito desde que nasceu, sairá vitoriosa.

Fiquei perplexa com tudo aquilo que escutei e também muito confusa. Não quis explicações, pois a tristeza por Clarinha já me angustiava demais, para procurar resposta em tudo.

E Sílvia realizou sua passagem, chegando até nós. Recebemos sua presença com gratidão e carinho. Éramos muito gratas a ela por tudo que fez por nossa família. E havia feito muito, tanto na parte material quanto na emocional, pela amizade e dedicação que sempre dedicou à mamãe e a Clarinha, amparando-as nos momentos mais difíceis.

Sílvia sempre foi boa e generosa. Tinha já um grupo de amigos esperando por ela. Sua recepção foi mesmo uma festa! O que mais praticou em sua vida foi a ajuda ao próximo e a dedicação para ensinar. Orientou muita gente a viver melhor, a lutar por uma condição próspera de vida. E estava claro que tinha cumprido com muita eficiência seu papel, tamanhas as homenagens que recebia de seus amigos.

Porém, uma coisa me deixou curiosa naquele momento de confraternização. Ela não deixou família, não deixou mãe, nem pai, nem filhos, nem marido, mas tinha chegado muito triste. Será que sua vida era tão boa assim que aqueles numerosos amigos não estavam suprindo sua separação da escola e dos seus alunos?

Percebendo meus devaneios, Atanael chegou de surpresa e me falou, apesar de saber que suas adivinhações sobre o que eu pensava me irritavam. Ele veio dizendo:

– Ah... está curiosa, não?

Quase nervosa, pois ficar inteiramente nervosa com meu anjo era muita ingratidão, respondi-lhe:

– Por que você tem esta mania, Atanael? Parece que você gosta de me irritar...

Sem jeito, recuou:

– Desculpe-me, Dandhara. É que passei anos e anos conversando com você enquanto apenas pensava e...

Cortei-lhe a fala desculpando-me, pois não devia mais reclamar disso. Éramos assim, um vivendo no pensamento do outro, e lutar contra isso seria bobagem. Na verdade, acho que também até gostava de saber que compartilhávamos tudo, inclusive pensamentos.

Um pouco mais calma e serena, indaguei:

– Atanael, por que ela está tão triste assim? O que ou quem lhe faz tanta falta, se ela infelizmente não encontrou seu grande amor?

Ele me olhou com aquele ar sorrateiro, muito divertido. Aliás o bom humor é a virtude que mais me impressionava em Atanael. Sorrindo, ele me disse:

– Será mesmo, Dandhara? Tem certeza de que não encontrou a sua alma gêmea que tanto quis e tanto sonhou? Você não percebeu que, que nos últimos anos de sua vida, ela parou de se queixar da solidão e a vida para ela tinha um sentido todo especial? Não percebeu que o amor que tanto procurava estava além da atração física e do desejo carnal? Em nenhum momento parou para reparar enquanto a via contente no seu dia a dia, que a felicidade e o entusiasmo estavam ao seu redor e que ela já não mais buscava seu príncipe encantado?

Fiquei atordoada com mais esta revelação, pois realmente já havia percebido que ela nos últimos anos estava muito mais feliz do que antes. Mas nunca deixei que isso apagasse a minha ânsia de vê-la encontrando o grande amor da sua vida, para completá-la como tanto sonhou.

– Então aquela conversa com minha mãe sobre estar à procura de um grande amor era brincadeira? E eu que passei tantos anos torcendo por isso...

Ele concluiu, para minha surpresa, a mais linda história de amor que já ouvi.

– Querida – ele começou, já me deixando leve só por ter me chamado assim, pois eu adorava isso. – Os grandes reencontros de almas, na maioria das vezes, não acontecem como estamos acostumados a ver em filmes e romances. Os verdadeiros reencontros ocorrem de formas extraordinárias, em contextos originais, para justamente se ter a certeza de que, sob qualquer forma ou aspecto, aquele amor continua fluindo, completando o ser, transbordando de júbilo e alegria. Incondicionalmente, mesmo entre filhos, amigos, irmãos, primos e vizinhos.

A vida nos reserva muitas surpresas em matéria de amor. Sílvia teve a oportunidade de vivenciar esse amor que você acredita que ela apenas esperou. Até ela, por sua vez, nem desconfia do que se passou, embora tenha vivido maravilhosos momentos ao lado da alma tão amada. Se você se lembrar, a solidão já não mais a visitava, e suas alegrias eram imensamente divididas e compartilhadas.

Não me senti à vontade em escutar aquilo. Lembrei-me da aflição de Clarinha e pedi que ele me acompanhasse para ir até ela e confortá-la.

Capítulo 18

Chegando até a situação em que Clarinha se encontrava e olhando com mais apuro sobre os últimos acontecimentos de sua vida, pude notar que, com o tempo, ela se recuperou bem dos momentos difíceis pelos quais passou. Era esforçada, inteligente e querida por todos. Por isso, facilmente conquistou grande número de amigos. Clarinha gostava de ser independente e descomprometida, mesmo com tantos fãs a cortejando. Prosseguiu em seu caminho, sem se apaixonar por ninguém.

Do outro lado, papai continuava no seu inferno particular, tendo aquele casal a perturbá-lo. Depois de uma visita que fizemos a ele, mamãe e eu procuramos Atanael para tentar entender por que sofria tão inocentemente nas mãos daquele casal. Atanael nos levou a um lugar onde alguns amigos podiam nos explicar melhor sobre vidas passadas.

Augusto, o dirigente do local, nos apresentou a mais intrigante história sobre dívidas:

— Bem, o que me consta é que vocês duas estão necessitando de algumas explicações para poderem entender o que se passa com Ivan, esta alma tão sofrida e que vocês alegam ser inocente.

Ele fechou um livro à sua frente e, muito gentilmente, começou a nos falar:

— Tudo começou há muito tempo, quando o coronel Felício, um homem rico e poderoso, fez mau uso do seu poder, do seu prestígio e da sua fortuna. Até aquela vida não acumulava grandes dívidas, mantendo apenas alguns desajustes morais. Sua alma estava longe da verdade, mas a falta de acesso ao poder tinha lhe poupado de acumular inimigos. Mas ao elaborar uma determinada existência, pediu prestígio, poder e riqueza. Queria queimar muitos débitos em uma só vida. Fez planos mirabolantes, difíceis de cumprir.

Mostrou-se entusiasmado, criando projetos comunitários que ajudariam um grande número de pessoas. Aqueles que estariam com ele nessa determinada encarnação também concordaram, pois ele estava assumindo tarefas tão ousadas que todos se beneficiariam de suas glórias. Seus irmãos Abílio e Jussara, que nasceriam com as mesmas chances, da mesma forma, projetaram uma grande carga de ações comunitárias para suas existências. E assim, aquele grupo reencarnou com grandes promessas e perspectivas.

Infelizmente, a vida na Terra reserva sempre o *porém* da história. O porém do apego, da vaidade e do egoísmo. A tentação da ganância, do orgulho, do medo, da preguiça e da falsidade. As investidas da maldade, da ilusão, do vício, da vingança e da calúnia...

Esses infinitos *poréns*, quando se deparam com distúrbios negativos de comportamento, sempre desmontam qualquer boa intenção que se possa ter. E assim aconteceu àquele grupo. Enveredando na prática de caminhos desventurados em sua encarnação, o tal senhor Felício se esqueceu de tudo o que haviam traçado juntos, e abusou do poder absoluto que detinha por ser o mais velho.

Assumindo muito cedo as finanças da família em virtude da morte de seu pai, escorraçou os irmãos de sua grande casa e atirou-os na miséria total. Esqueceu completamente dos propósitos que havia traçado e apenas deu asas à necessidade de ter mais e mais poder, aumentando seu patrimônio.

Abandonou também a mãe, empurrando-a para os cuidados de seus pobres irmãos. Algumas vezes ajudava com mantimentos, tentando não se culpar pela possível fome que ela poderia passar. Mas a distância do ser materno tinha também uma função nefasta nessa história, pois ele se livrou, dessa forma, das cobranças diárias a respeito de seus deveres morais para com os irmãos e das maldades que andava praticando.

Mas, apesar da pobreza em que a abandonou e de todos os maus-tratos que Felício impunha à mãe – que se chamava Eleonora –, ele ainda contava com seu amor e dedicação.

Eleonora era uma pessoa extremamente bondosa e compreensiva. Jamais deveriam culpá-la por ser capaz de amar filhos tão perversos assim. Amava igualmente os três, e só nós sabemos das torturas e sofrimentos pelos quais passou nessa época. Sofreu na carne e na alma todas as maldades que seu filho mais velho fez, e muito mais ainda por seus outros dois filhos, que estavam à beira da miséria completa, especialmente no que dizia respeito à alma.

E a mãe não desanimava, buscando trazer Felício ao caminho do bem e da verdade. Ao mesmo tempo, trabalhava para converter os outros dois, mostrando-lhes o caminho do perdão. Apesar de tudo, essa tarefa foi se tornando cada vez mais difícil, já que havia muito ódio e revolta entre eles.

Numa certa ocasião em que tentava reconciliar a família, o ódio aflorou e tomou de fúria aqueles irmãos. Chegaram às vias de fato, agredindo-se fisicamente. E, num momento em que a mãe tentava evitar o assassinato do filho mais velho, foi atingida por um golpe certeiro, que atingiu mortalmente seu coração. Apesar de Felício não ter sido um bom filho, a mãe Eleonora era a única parte boa de sua vida. Sua mãe representava ainda um freio para maiores maldades que ele guardava na alma. Naquele momento o ódio se instalou sem limites naquele homem, pois antes apenas o poder, a vaidade e outros defeitos de caráter levaram-no a fazer o que fez com os irmãos. A situação piorou. Os irmãos revoltados, por sua vez, também acabaram com qualquer chance de conversão de caráter, e a briga se acirrou entre eles.

De forma cruel e calculada, Felício trouxe os irmãos para seu convívio e passou a escravizá-los, impondo-lhes maus-tratos sem dar a eles a chance de se defender. Sofrendo com a situação, Jussara e Abílio fizeram um pacto de morte e, em pouco tempo, suicidaram-se, não antes sem jurar vingança eterna ao irmão sem coração.

E desde essa época o sofrimento está instalado naquelas almas. Isso perdura há séculos, apesar de o perdão de Jussara e Abílio estar cada vez mais longe. Os três já reencarnaram na mesma família muitas vezes – todas, porém, falidas. Muitas delas interrompidas até mesmo no berço, quando se deparavam com o inimigo ainda nos primeiros dias...

Em todo esse tempo, grandes expiações têm sido impostas a Felício, ou como podemos chamá-lo agora, a Ivan. Mas está claro que o perdão custa a acontecer, e não podemos interferir no livre-arbítrio de cada um. Já tentamos livrá-lo de seus inseparáveis inimigos, mas ele prefere assim. Arrependeu-se já há muito tempo, mas o remorso, aliado à falta de perdão, resulta num processo desastroso, pois a vítima insiste em sofrer e ser julgada. O agressor, em sua determinação maliciosa, reveste-se do direito de vingança, tornando praticamente impossível um desfecho para essa história.

Eis por que é tão perigoso fazer o mal, prejudicando vidas alheias. Nunca se sabe da real capacidade de perdão do inimigo. E a triste marcação acirrada pode custar muitas lágrimas, muitos sofrimentos. E isso é extremamente sério, podendo ser doloroso demais para todos.

Felício, ou Ivan, como quiserem, foi imprudente, cruel e prepotente. Mas depois de alguns séculos de sofrimento e aprendizado, podemos dizer que já está mais bem encaminhado. A maldade já não faz parte de sua jornada, mas a ligação contínua e constante de seus inimigos o impede de seguir adiante.

Seus pais desta última existência eram os seus irmãos de outrora. Totalmente absorvida pela sua narração, perguntei àquele ser:
– E sua mãe, por onde anda?
Olhou para mamãe, depois se dirigiu a mim, falando mansamente:
– Muito mais perto do você imagina, Dandhara.

Olhei para mamãe, que parecia naquele momento estar recordando seu passado. Abraçamo-nos e choramos muito.

Depois de algum tempo, mamãe se recuperou de todas aquelas lembranças e quis saber onde é que eu me encontrava na história de papai. O porquê de tanta vontade em ajudá-lo, dos nossos desencontros, do descaso por mim. E por que sua felicidade me preocupava tanto?

Ele nos contou um pouco sobre mim e papai:

– Há muitas existências que você vem acumulando amizade e laços positivos com as pessoas. Em cada uma dessas vidas, você coleciona boas ações, passa por experiências fantásticas e realiza progressos. Assim, vem crescendo e ganhando respeito por sua espiritualidade. Acontece que, amando sua mãe, você resolveu ajudá-la. Certa vez, encarnou acolhendo Ivan como seu filho, no seio de um casamento feliz. Dedicada e amorosa, recebeu em sua vida esse garoto que já nasceu rebelde e que muito cedo saiu de casa, recusando-se aceitar a felicidade dentro de um lar. Ivan carrega consigo sinais muito fortes de remorso e isso o afina cada vez mais com seus obsessores. Apesar do desgosto com esse filho, o caçula, ingrato e displicente, você levou sua vida adiante e continuou o trabalho de auxílio ao próximo. Assim, conseguiu muitos pontos pela abnegação e pelo perdão que sempre manteve. Nessa ocasião, ele tentou atrapalhar até seu casamento, porque a paz e a harmonia que existiam entre vocês o incomodava muito. Tudo, porém, sem sucesso.

Quando você retornou ao nosso convívio, encontrou sua mãe ainda mais desolada do que antes, tamanhos os débitos que Ivan vinha acumulando a cada vida.

Então as duas planejaram partir novamente, acolhendo Ivan mais uma vez, agora na mesma família. Da última vez vocês não reencarnaram juntas, e não tiveram força para defendê-lo dos inimigos invisíveis e ajudá-lo com inspiração. Foi então que, para resultados mais proveitosos, foi necessário que você se desviasse do seu caminho, infinitamente mais feliz, para tentar mais uma vez ajudar seu filho amado, agora seu pai, e sua melhor amiga, hoje sua mãe – disse Augusto.

Embora ele me falasse tudo isso, não conseguia recordar-me como facilmente o fazia mamãe. Apenas aceitava os fatos como verdade, pois era o que mais havia ali.

Ainda insatisfeita com as explicações, que pareciam querer explodir dentro de mim, levantei-me e passei a andar pela sala muito ansiosa. O que teria acontecido desde aquela transformação súbita de papai continuava a me incomodar.

– Mas afinal, o que foi que aconteceu com papai naquele dia em que chegou transtornado em casa, reviravando nossas vidas? Venho buscando uma resposta desde aquela época, mas por mais que eu me esforce, não consigo encontrar nenhuma explicação que justifique tanta fúria e transtorno.

Ele escutou e prontamente esclareceu:

– Sabia que você iria perguntar-me sobre isso. Acho mesmo que demorou para pedir esclarecimentos sobre esse assunto, que há tanto tempo a consome. Preste atenção, que vou tentar ser claro e objetivo neste momento. Naquele dia infeliz, Ivan foi encontrado por seus pais, já desencarnados. O comportamento que tinha facilitou para que fosse uma presa fácil para eles, que estavam a ponto de explodir de ódio. Ao se encontrarem, a sensação que lhe transmitiram foi instantânea; talvez você entendesse melhor se eu lhe falasse que esse sentimento "pegou" rápido em Ivan.

Espantada, mamãe se levantou e disse:

– Então foi isso? Eu também já me fiz essa pergunta uma centena de vezes e nunca encontrei explicação. Mas como Ivan foi tão rapidamente preso a eles, se temos alguma distância entre os encarnados e desencarnados?

O homem concedeu uma pausa e recomeçou:

– Aurora, Dandhara, nesses assuntos tudo é muito relativo e cada caso tem suas particularidades. Assim, não podemos generalizar. Mas o caso de Ivan se assemelha ao seu, Dandhara, que manifestava a espiritualidade em sua vida física, inversamente ao que ocorre com a maioria das almas.

Agora tudo parecia ainda mais confuso, mas fiquei esperando uma explicação mais concreta. Ele foi adiante:

– Nossos corações são portas abertas para que o Bem e o Mal se instalem em nossas vidas. Isso é a Regra Geral, podemos dizer assim. Porém, a intensidade e a forma de manifestação desse Bem ou desse Mal vão depender dos sentimentos que levamos conosco durante séculos. Vou ser mais específico, tomando Dandhara e Ivan como exemplos, já que são casos extremos e incomuns. Quando Ivan desistiu de ser feliz e fechou seu coração para Aurora e para todos, automaticamente trouxe para si sentimentos ruins, nocivos a qualquer um. Afastava constantemente todas as chances de se integrar com sua família e seus colegas de trabalho. Suas vibrações estavam muito baixas quando foi encontrado por seus inimigos, que tanto ódio exalavam por ele.

Entendem agora? Vibrações, atrações. A constância daquilo que está em nossos pensamentos e sentimentos determina nossa vibração, e somos inegavelmente atraídos por criaturas desse mesmo espectro. Vamos nos lembrar daquela passagem em que Cristo nos ensinou: "Orai e Vigiai!". Sim, todos estão sujeitos a serem contaminados por seus inimigos a qualquer hora, dia e lugar. Não há um momento determinado: eles ficam de plantão. Ivan podia ser pego a qualquer hora, não faria diferença, pois vivia amargurado. Mas ainda tinha uma chance: a influência regeneradora de Aurora. E nesse ponto, para não correrem o risco, fizeram com que ele se afastasse de casa, livrando-o dos benefícios que recebia da mulher. Em outras palavras, soltaram Ivan para aprisioná-lo de forma mais intensa.

Eu estava assustada com tudo aquilo. E percebendo os perigos pelos quais passei nessa existência, tentei falar, mas não consegui. Ele olhou para mim e, sorrindo, me disse:

– Não, Dandhara, você não corria risco algum. Como eu disse no início, você é um caso inverso: seu coração sempre foi puro e sua vida temperada de virtudes. Assim, a porta para a espiritualidade esteve sempre aberta, atraindo manifestações divinas e momentos mágicos de amor. Está aí a materialização que Atanael tanto perseverou. Lembra-se daquele perfume que sentia quando ele estava por perto, principalmente quando necessitava de auxílio urgente? Transbordando de amor e fé, perseverando dia a dia, corajosamente alheia ao que lhe acontecia, você atraiu muitas coisas positivas para seu caminho. O fato de seu protetor ficar presente em determinados momentos foi possível somente graças à sintonia que mantinha com o Bem. Todos estão sujeitos às ações e às manifestações tanto de seus obsessores quanto de seus protetores, dependendo de como andam nossos pensamentos e sentimentos... Torna-se muito cômodo viver achando que a proteção ou o perigo não têm relação com nossa conduta. Difícil é manter-se atento, consciente e responsável, principalmente no que diz respeito à nossa própria proteção.

Ocorrendo-me novos questionamentos, perguntei:

– Mas aqueles seres cruéis não desejavam o mal também para mim?

Ao que ele respondeu:

– Não, porque a única pessoa que ainda representava algum perigo naquela situação era Aurora. Embora em pequena escala, era a única que tinha acesso ao coração de Ivan.

Quanto a você, bastou fazer com que ele ignorasse sua presença. Isso não foi difícil, pela embriaguez constante em que se encontrava. Muitas vezes, tapavam-lhe os ouvidos para que não a escutasse, e você bem se lembra disso...

Insisti mais uma vez:

– Amigo, suas explicações são muito sensatas, e sinto-me grata por nos proporcionar tais revelações. No entanto, quero saber mais sobre mim, de forma intensa e convincente. Passei muitos apuros por lá, sentindo-me rejeitada e abandonada. Não guardo mágoas, é claro, disso não me queixo; mas queria poder entender um pouco mais sobre como as coisas funcionam. Da verdadeira Justiça Divina. Saber o porquê de certos sofrimentos, certos constrangimentos, como os que a gente é obrigado a se submeter quando passa pela pobreza, pela miséria e, pior ainda, pela solidão.

Enquanto eu pronunciava essas palavras, parecia que os momentos mais duros e mais difíceis da minha vida desfilavam minha frente, como se meu pensamento fosse uma tela e ali estivessem as cenas mais dramáticas da minha última encarnação.

Ele me interrompeu e foi um tanto enérgico:

– Calma. Eu não disse que somos obrigados a experimentar todos os males que a humanidade vem sofrendo. A fome, a miséria, as enfermidades, as perseguições, a violência, a solidão e tantas outras formas de sofrimento que consomem os seres encarnados são frutos de escolhas feitas por nós mesmos. Somos obrigados a escolher, sim, esse é um fato incontestável. Mas também podemos apelar para o nosso Pai. Isso também é incontestável!

Podemos nos libertar de todas as nossas dívidas se voltarmos para o Criador de todas as coisas, que na sua bondade infinita e no seu amor extremo concede-nos a libertação por meio da misericórdia. Entendem? Justiça é diferente de misericórdia.

A questão é: o que buscamos em nossa vida? Sofrer ou voltar ao Pai? Parece simples, não? Só que muitos acham impossível rever seus sofrimentos e libertar-se deles. A volta ao início é uma oportunidade concedida a todos, porque somos filhos de um mesmo Pai, e Ele é justo e misericordioso. Trocar sofrimentos por trabalho honesto e construtivo, sem dúvida alguma, é muito mais útil e interessante para todos. A humanidade se beneficia, a espiritualidade ganha aliados, o trabalho divino cresce e todos saem ganhando.

Mas quem está disposto a abrir seu coração e deixar o amor divino fluir? – questionou Augusto.

Já com os olhos cheios de lágrimas, continuei:

– Augusto, meu caro contador de histórias, por favor, se for possível ou permitido, fale-me um pouquinho mais das minhas existências, conte-me mais sobre mim, a fim de que consiga apagar essas recordações e preencher este vazio que me consome...

Ele se levantou e fomos para um jardim maravilhoso que havia por ali. Passamos a caminhar e, assim, ele continuou:

– Dandhara, você está passando por um episódio muito intenso, em que quer descobrir sua essência. Isso está muito fácil para desvendar, basta que não desista, ligue os fatos, seja prudente e persevere em sua busca. Não sou eu, nem ninguém, que vai poder ajudá-la nessa sua descoberta interior. Ela pertence somente a você. Mas o que posso fazer é falar-lhe um pouco de suas experiências, para que consiga, talvez, questionar mais sobre suas atitudes perante vida: a sua verdadeira vida.

Sem dúvida, você tem grandes virtudes. É capaz de amar e perdoar como nosso grande Mestre ensinou. Isso não estou colocando em dúvida, pois já é um fato consumado. Mas o que lhe falta é a percepção individual, aquela que a faz diferente e única perante o Criador.

De pronto baixou a cabeça, como que recordando de mais fatos, e continuou:

– Dandhara, você queria ser amada pelo seu pai, e isso a frustrou boa parte do tempo em que permaneceu perto dele.

Cortei suas palavras, tentando me justificar:

— Augusto, não estou reclamando disso. Aceitei sua rejeição, e não guardo nenhum ressentimento sobre esse fato.

Mais descontraído, ele respondeu:

— Sim, sim, eu sei. Você aceitou, mas creio que não entendeu até hoje o porquê de tanto desamor e tanto desafeto. Mas vou lhe explicar: o amor é um sentimento puro, verdadeiro, muito forte, capaz de transformar por inteiro uma existência. Porém, existem muitos enganos em torno do amor. Pessoas que falam sobre ele, pensam, refletem, mas são incapazes de senti-lo por alguém, no sentido pleno. Ele é inquestionável, você ama ou não ama, sem explicações, sem justificativas. Uma mãe ama seu filho mesmo que ele seja bom ou ruim, fraco ou forte, sadio ou doente, simplesmente porque ela o ama. Um filho tem o mesmo poder de amar seus pais, sendo eles bons ou ruins, pacientes ou não, desde que realmente os ame.

Quero que entenda que esse sublime e divino sentimento tem que existir dentro do próprio ser. Começa em nós, vem de dentro, faz parte de cada um. Todos carregamos uma semente do amor dentro de nós mesmos. Quando permitimos que essa semente germine, ela cresce, vai florescendo e domina todo o organismo e continua se expandindo para fora, para a família, depois para os amigos, para os conhecidos e, enfim, para toda a humanidade, até torná-la um amor universal.

Mas, como em toda história, existe o outro lado. Há um grau de evolução quanto a esse sentimento. Nenhum de nós pertence à mesma vibração do amor. Cada ser único está num grau, em uma potência para senti-lo. E, infelizmente, na Terra o grau da maioria das pessoas ainda está muito baixo. Ou seja, falta muito para que o conheçam. A maioria não percebe a grande verdade: esse sentimento pode mudar o mundo, acabar com todos os sofrimentos, todas as dores, todas as doenças. Porque quem o tem, sabe perdoar, sabe vencer sem prejudicar, sabe relevar, abençoar, agradecer, servir e alegrar-se por si só.

O amor a que me refiro não cobra, nem justifica. Não nega, nem pune. Aceita e espera. Quem o sente é capaz de expandir esse amor a quem o rodeia, porque é imenso e infinito. Não existe para uma pessoa, ou duas, ou dez. Ele se expande constantemente, derramando por onde passa toda a doçura que traz consigo.

Por mais que você ame Ivan e que o queira bem, ele está em condições precárias para perceber e retribuir esse sentimento. Ele ainda nem sabe que isso existe. Esqueceu-se em algum lugar do passado de que foi amado e de que amou. Impossível amar você ou sua mãe, como gostariam e mereciam, porque ainda não ama a si. E quem não ama a si mesmo, não consegue se perdoar; e se não consegue se perdoar, deixa de atingir a felicidade. Ao final, a alma acaba consumida pela tristeza e infelicidade.

Nesta sua última existência, Ivan tentou resgatar suas dívidas quando foi buscar os pais. Agindo desse modo, buscou uma reconciliação com aquelas almas, já que sabia ser essa sua maior missão. Quando se viu impotente diante do sumiço dos pais, simplesmente desistiu de viver. Imaginava, no seu íntimo, que de nada valeria o resto, pois havia perdido qualquer chance de resgate. Foi então que se tornou amargo, solitário e totalmente infeliz.

As coisas poderiam ter sido diferentes e não precisava de todo esse sofrimento. Vocês poderiam ter constituído realmente uma família feliz, um lar harmonioso, mas ele não queria se dar ao direito da felicidade. Ainda não se perdoou. Contudo, Aurora já havia identificado isso e tomou a atitude de deixá-lo viver à sua maneira, e estava disposta a oferecer às duas filhas todas as oportunidades de crescimento e aprendizado. Sua fé e seu amor seriam fortes o suficiente para suprir a carência paterna que vocês duas teriam de enfrentar. Porém, Dandhara, você não estava preparada como ela, e não queria desistir do seu único intento desta existência: transformar Ivan.

Augusto caminhou um pouco entre as flores, voltou pensativo e continuou:

– Olhando de um prisma mais amplo, podemos perceber que as três mulheres da casa tinham um objetivo em comum: resgatar Ivan do inferno interior em que estava mergulhado há muito tempo. Cada uma de vocês tentou a seu modo. Cada tentativa de uma forma específica, com estratégia própria. Mas Ivan não foi tocado por essas investidas. Já tinha desistido cedo demais, quando se sentira impotente diante do fracasso em relação aos pais. Foi então que se entregou ao vício e ao ócio.

Com essa atitude, não trouxe nada de bom para cá, além de não avançar ao menos um centímetro perante o seu carma. Hoje, novamente, é presa fácil de seus algozes. Aurora, por sua vez, foi sensata, tentando preservar as filhas do perigo que Ivan estava representando. Abriu mão de seu ideal em relação ao marido quando percebeu que seria uma missão impossível, ao menos naquela vida. E você, Dandhara, também atrás do seu grande ideal, persistiu e enfrentou grandes desafios, suportando-os com dignidade. Isso demonstrou que é uma grande pessoa. Em matéria de virtude, não precisa provar mais nada; não nos restou nenhuma sombra de dúvida de que você é capaz de amar e servir, sem restrições, nem cobranças. Ao final, o grande vilão da história acabou sendo o ódio, que com toda a sua força impediu que o perdão entrasse na trajetória dessa família.

E continuou:

– Em relação aos pais de Ivan, o que podemos dizer é que, há centenas de anos, vêm sendo implacáveis em sua perseguição ao filho. Nessa existência, conseguiram fazer com que Ivan desistisse de ajudá-los – talvez propositadamente– dificultando a aproximação entre eles. Estavam de tal forma cegos de ódio que nada, nem ninguém, conseguiu dar-lhes quaisquer objetivos em suas vidas. Viveram apenas para aproveitar o dinheiro que achavam que tinham por direito. Ao conseguirem todo o poder e o dinheiro que vinham cobrando há tanto tempo, não ficaram satisfeitos. Quiseram mais: buscavam vingança. Ficaram até satisfeitos quando se deram por falidos, sabendo que Ivan teria de sustentá-los. De certa forma, eles o escravizaram, impondo-lhe inúmeras torturas físicas. Além disso, massacraram-no mental e emocionalmente. Ivan tinha o direito de se libertar, mas ele apenas conseguiu essa façanha por algum tempo. Poderia ter feito outras coisas, conquistado méritos que o levariam degraus acima, para longe dos malfeitores. Mas sua opção foi continuar subjugado, pois, em seu coração, nem ele mesmo havia se perdoado.

Sentando num banco, Augusto cruzou os braços, indagando-nos com muita graça:

– Ótimo! Temos aqui um impasse. Resta-nos saber o que lhe sobrou dessa existência e qual a lição a ser aprendida. E Dandhara, não pergunte a mim, pois essa resposta é você mesma quem nos vai dar.

E finalizando aquele encontro tão especial, não pude resistir a minha última e inevitável pergunta:

– Augusto, acho que somente agora entendi muita coisa que não conseguia, por mais que tentasse. Somente uma última pergunta faço: então errei em acompanhar papai, saindo de casa? Eu não precisava acompanhá-lo? Conseguiria ser feliz sem ele?

Ele fez sinal para que me sentasse a seu lado e, serenamente, falou algo que jamais vou me esquecer:

– Dandhara, não existe nada totalmente certo ou errado, bom ou ruim, feio ou bonito. O que existe realmente é a maneira como interpretamos os acontecimentos. Somente a Deus pertencem todas as respostas para nossas indagações.

Capítulo 19

Saímos dali. Depois de tantas revelações e descobertas, sentia-me insegura, indecisa quanto aos rumos que poderia tomar. Estava receosa do que queria exatamente. Se eu estava bem e tinha evoluído como tinha escutado há pouco, se tinha amigos no passado, se era uma pessoa tão querida assim, por que agora estava tão só? Qual a razão de ter sofrido tanta solidão na minha última vida? Como não me lembrava de nada, nada, absolutamente nada?

Fui dar uma caminhada sozinha, tentando refletir um pouco sobre aquilo tudo. Agora estava realmente frustrada. Dediquei-me a papai, à mamãe, e estava agora sem perspectivas quanto ao meu futuro. Tinha sede de amor. Tinha sede de carinho. Sentia saudade, sentia falta de alguém, queria um lar, queria minha família.

Pouco depois de caminhar, uma súbita saudade de Atanael tomou conta de mim, pois me habituei a estar sempre a seu lado. Naquele dia, já quase no final da tarde, notei que ainda não o tinha visto. Um receio de não mais encontrá-lo me fez chorar. Acho que ainda estava muito sensível pelas lembranças que não vinham.

Tive sentimentos contraditórios e confusos. Estava diante de um banquete, mas continuava com fome. Parecia com frio, mas as cobertas estavam ao meu alcance. Sim, faltava algo, o núcleo de todos aqueles questionamentos: saber quem realmente eu era e não o que contavam sobre mim.

Parei de caminhar, olhei para o lindo horizonte que se formava, e clamei:

– Senhor, meu Deus, por onde eu devo ir? Qual o rumo que devo seguir agora? O que faço aqui? Quem sou afinal? Peço a ti, Senhor, ajuda-me!

Passaram-se alguns dias depois daquelas fantásticas revelações. Nesse meio-tempo, fui afastada do trabalho, tendo mais tempo para refletir sobre os acontecimentos. Certo dia estávamos passeando, eu e Atanael, numa tarde inesquecível em que o Sol parecia brilhar da forma mais intensa que já vi. As flores do jardim estavam lindas e perfumadas, assim como em meu íntimo, o que fazia essa beleza resplandecer diante de meus olhos.

Atanael se sentou naquele costumeiro banco em que sentávamos sempre para conversar nos finais de tarde e deu início a uma linda cena de amor, dizendo:

– Dandhara, acho que chegou a hora de termos uma conversa muito clara e muito franca. Não aguento mais vê-la sofrer e recusar-se a viver sua tão merecida felicidade. Espero há muito por você, para continuarmos nossa caminhada de onde paramos...

Enquanto falava, seus olhos exalavam amor e ternura, e até naquele instante, muito intimidada com a conversa, eu parecia começar a reconhecer aquele tom amoroso e romântico, que me fizera recordar nosso passado. Sim! Era isso! Agora estava me recordando com muita clareza de tudo, de quem era realmente Atanael e por que estava me falando todas aquelas palavras de amor.

Aflito com meu silêncio, vi que prosseguiu um pouco mais receoso, pois estava inseguro em relação a mim. Compreensível, pois desde o início eu não tinha percebido nada do que havia entre nós. Ele continuou, ainda hesitante:

– Meu amor, nos separamos para que você cumprisse todos os deveres que torturavam sua alma. Fiz o que pude para estar sempre do seu lado, protegendo-a. Mas temo que nosso sentimento não tenha sido grande o bastante para ultrapassar a linha do tempo. E começo a pensar que você me esqueceu...

Quando ele pronunciou essa terrível frase, pulei em seus braços, apertei-o com toda a minha força! Soltei, enfim, aquele imenso amor que vinha há tempos sufocando. Beijei-o como nunca, em resposta às suas indagações.

Definitivamente eu o amava! Mais do que tudo. E sabia que depois de reviver essa paixão, seria impossível renunciar a ela. Sim, eu o amava. Pensei comigo: que ser é este, meu Deus, que anda a me proteger e a me esperar por tanto tempo?

Depois daquele longo beijo e muitos abraços, eu finalmente disse a Atanael que estava recordando nossa história, nosso amor, nossas vitórias juntos, nossa família e nossos filhos tão queridos: Lúcio e Fabiana!

Ficamos por horas falando sobre nós, das tarefas dos nossos filhos tão amados, da saudade, do amparo que ele vinha me dando durante toda a última encarnação, do amor sincero que nos unia. Em meio a tantas confissões, deparei-me com a lembrança de nossa despedida, naquele mesmo lugar, no mesmo banco, no mesmo jardim...

– Querido, que bom que agora estamos juntos outra vez. Que bom recordar quem sou de verdade, livre das aparências em que vivemos lá na Terra. Mas então me diga tudo o que sabe de mim, para que eu sossegue de vez esse meu coração, que agora só reclama por seu amor e pelo amor de nossos filhos tão queridos. Ajude-me mais uma vez a relembrar dos acontecimentos passados.

Ele segurou muito forte em minhas mãos e, olhando em meus olhos, começou a narrar:

– Minha doce Dandhara, venho esperando para poder lhe dizer tudo isso e voltarmos a ficar juntos para sempre, pois sua ausência em minha vida e a distância que nos separa aflige a mim e a nossos filhos. Queremos você de volta. Temos um lar nos esperando. Estamos ansiando por seu amor, sua bondade, sua determinação, seu carinho, sua paz. Queremos poder contar com você para prosseguirmos para um plano mais alto, onde a Ascensão nos espera. Nós três nos recusamos a seguir sem você. Mas o tempo já é escasso, precisamos partir e tememos perdê-la de vista...

Agora mais triste, continuou:

– Meu amor, falta a você simplesmente compreender que na vida somos responsáveis por nós mesmos, pelas nossas atitudes, nossos pensamentos, nossas palavras e que a evolução do próximo pertence a ele mesmo e a mais ninguém. Nem mesmo o Criador eleva aquele cujo espírito não está preparado, e a maior lição que você ainda não conseguiu aprender é que não pode se responsabilizar por tudo e por todos.

Levantamo-nos, caminhamos lentamente, e prosseguiu:

– Assim você se perde do verdadeiro projeto divino e entra num ciclo sem fim, em favor de pessoas amadas, com tanta dificuldade em vencer vícios, maus hábitos, más condutas que você já superou. Entenda que, se ficar ao lado dessas pessoas que não avançam essa etapa da evolução, sendo sensível como é, você estará eternamente sofrendo tudo aquilo que não precisa mais sofrer. É preciso urgentemente entregar a Deus as pessoas que amamos e perdoá-las, por mais que nos magoem. A parte do perdão acho que você até já atingiu, mas quanto a entregar esses destinos aos desígnios de Deus, ainda acho que, para você, ainda é complicado se desprender.

Compreenda que viver na Terra é uma oportunidade para crescer, aprender e fazer alguns resgates. Em sua posição e diante de suas realizações passadas, não tem mais o que resgatar, mas está a todo custo tentando consertar a vida alheia. Nosso Pai quer sua oração, sua ajuda, mas acima de tudo, Ele quer a Luz em sua vida. Você tem o direito de se libertar de todos esses emaranhados que a vida terrena nos embaraça.

Vamos então, Dandhara, tentar mais uma vez. Pediremos para descer juntos, na mesma família, e aí você mostra que aprendeu, que não vai mais assumir os débitos alheios, sejam eles de quem forem – concluiu Atanael.

Aquela conversa mudou totalmente o rumo da minha história. Estava mais otimista, mais segura do que deveria ou não fazer, para que não mais prejudicasse nossa tão querida e agora lembrada família.

Ele, com muito carinho, continuou:

– Dandhara, minha flor, você vem realizando belas obras em todas as áreas da sua vida, e sempre foi muito prestigiada pelos amigos aqui da espiritualidade. Amigos nunca faltaram para você, pois sempre foi muito amada pelas grandes virtudes que possui. Esse processo de estagnação começou há algumas encarnações, quando acolhemos seu pai como nosso filho. Ivan se perdeu por não conseguir pagar seus débitos e acarretou outros ainda maiores. Quando o espírito não quer aceitar, quando se rebela contra suas dívidas, naturalmente vai contraindo outras e piorando ainda mais a sua ficha. Paralelamente a isso, acaba prejudicando seus companheiros de jornada, que já estão juntos a fim de se ajustarem. Assim aconteceu com Ivan. Nós o aceitamos sob nossa responsabilidade para que evoluísse. Fizemos o que podíamos, mas você se prendeu a resultados e julgou-se culpada pelos fracassos que pertenciam somente a ele.

Naquela ocasião em que nos reencontramos, fomos muito felizes, você fez belíssimos trabalhos com a comunidade em que vivíamos, tinha muitos amigos, mas, apesar de vivermos uma vida digna, culpou-se por não ter realizado a mais difícil tarefa que se prontificou a executar.

Após sua passagem, verificou que Ivan estava ainda mais endividado e infeliz do que no início, e resolveu ajudá-lo a todo custo.

Na última tentativa, esta da qual ainda mantém vínculos muito fortes, resolveu radicalizar, tirando toda e qualquer possibilidade de desviar-se, entregando a ele todo o sacrifício de não ter amigos, não ser simpática aos olhos alheios, a fim de que essa encarnação fosse dedicada apenas e somente a essa causa. Todos nós achamos um absurdo, pois você não era culpada por ele estar assim e nunca havia contribuído para que piorasse.

Mas o seu amor por ele e por sua grande amiga, a quem devia grandes favores, falou mais alto e você pôde usar do seu livre-arbítrio, tentando mais uma vez protegê-lo da falência espiritual. Sua mãe, que também já fazia parte desse ciclo e que estava ligada a Ivan pelo sentimento que lhe invadia a alma, ficou entre a cruz e a espada, tentando protegê-la da amargura de Ivan e tentando livrá-lo das trevas. Sem dúvida alguma aprendeu bem a lição de que necessitava. Sabia até onde poderia ir, mas não contava que você fosse tão longe, e seu sofrimento veio após a fuga com seu pai.

Então, Dandhara, já não concluiu então sua façanha? Ou pede-me agora que a espere tentar novamente até que Ivan resolva viver de acordo com as Leis Divinas? E depois, por quantos mais você vai deixar seu verdadeiro caminho? Precisa lembrar que nossa capacidade de ajudar se expande de acordo com nossa iluminação. E ganhar mais luz é um ato diretamente ligado à nossa verdadeira compreensão da vida. De nada adianta atrelar-nos à escuridão. É preciso caminhar à frente, sem recuar. O que me diz, minha amada, que devo esperá-la até que alcance seus propósitos ou partir sem você?

Naquele instante parecia me recordar de tudo e de todos. É como se a cortina do tempo estivesse se abrindo à minha frente e tudo estivesse muito claro agora.

Olhei profundamente nos olhos do meu anjo mais amado e solicitei uma reunião com todos os que nos eram caros e que precisavam reencarnar.

Capítulo 20

E lá estava eu, novamente no início de mais uma existência. Desta vez nasci numa cidade do interior, sendo abandonada logo na maternidade. Acabei sabendo muito pouco a respeito dos meus verdadeiros pais de sangue, mas nunca exigi mais do que isso para que dirigisse minhas orações a eles todas as noites. Soube, por bocas alheias, que eram viciados em drogas, que bebiam e brigavam pelas ruas.

Logo ao sair da maternidade, fui adotada por um casal muito decente e responsável. Pessoas bem situadas, com grandes posses materiais e, sem dúvida, possuidores também de grandes fortunas espirituais.

Tive uma infância feliz e uma adolescência tranquila.

Capítulo 20

Meus pais adotivos não podiam ter filhos e, por isso, me adotaram. Fui criada como filha única, com todos os mimos e mordomias possíveis.

Estava prestes a me formar em Pedagogia quando conheci o grande amor da minha vida. Nosso primeiro encontro foi na praça da universidade, numa linda tarde de sol, onde costumava passar alguns instantes todos os dias para sonhar acordada.

Nesse dia parecia estar prevendo nosso encontro, pois estava extremamente feliz e emotiva. Quando ele se sentou ao meu lado, a primeira reação que tive foi a de verificar se estava arrumada e penteada. Passei a mão nos cabelos e fiquei tranquila ao saber que estava bem.

Aquele homem era muito simpático, bonito e extremamente agradável. Apresentou-se como o palestrante que iria falar naquela tarde com os formandos. Chamava-se Antônio.

Algo muito mágico aconteceu entre nós dois e, a partir daquele instante, passamos a viver um para o outro. Antônio era um médico bem conceituado e sua vinda ali estava causando certo alvoroço entre os estudantes. Iria falar sobre crianças e jovens carentes, que viviam nas ruas. Esse assunto me interessou muito e, desde então, passamos a conversar e a fazer planos para trabalharmos juntos nesta causa que nos unia ainda mais.

Namoramos quase dois anos e, no mês seguinte do nosso casamento, inauguramos nosso grande projeto: um orfanato. Por escolha de Antônio, demos a ele o nome de Libertação. Tínhamos condição financeira para lançar esta ideia e foi o que fizemos: lançamos o projeto e tivemos gratas surpresas com seus resultados.

Antônio tinha muito prestígio e era muito querido por todos que o cercavam, por sua postura firme diante de questões como a miséria humana. Estava sempre abordando o tema em seu trabalho, com seus pacientes, em suas palestras nas universidades e até no convívio social que mantinha. De forma especial, falava sobre os assuntos relacionados à percepção individual dos problemas sociais e sobre a entrega de todos os sofrimentos a Deus.

Esse assunto me interessava profundamente, e nunca era demais ouvi-lo; muitas vezes tinha a impressão de que falava a mim justamente para que eu escutasse e entendesse. Perguntava-me silenciosamente por que fazia isso, pois não me lembrava nenhuma vez de ter agido de forma contrária ao que ele expunha com tanta convicção.

Falava muito sobre viver a própria vida, auxiliar o próximo, expandir o bem, ser generoso sem deixar que o problema do outro se torne o nosso problema. Em nossas conversas mais íntimas, estava sempre comentando sobre ajudar sem se contaminar com a dor do próximo. Dizia: "Cada qual com sua vida, com seu caminho, com suas lutas, com suas dores".

Deixava claro que de nada ajudaria ter dó, desesperar-se, duvidar, sentir medo ou apego às pessoas com problemas. Pelo contrário, porque agir dessa forma poderia até atrapalhar... Dizia sempre que o mérito estava em compreender a alma humana – ter compaixão e buscar soluções práticas para sanar as questões que se apresentavam. No entanto, enfatizava que não devíamos nos prender a resultados imediatos. Explicou muitas vezes sobre questões espirituais, encarnações, dívidas de carma e libertação.

O que mais me empolgava naquele homem, no entanto, era justamente a devoção a Deus sobre todas as coisas. Antônio era o que se podia chamar de um anjo disfarçado aqui na Terra.

Tínhamos muitos amigos, mas dois nos eram especiais: Carol e Gilberto. Estudei com os dois e, na mesma época em que me casei, os dois também se casaram. Com todos esses pontos em comum, compartilhamos maravilhosos momentos de amizade e companheirismo.

Meu casamento, porém, não gerou filhos legítimos. Esta foi uma opção nossa, iríamos esperar um pouco; queríamos dedicar nosso amor e atenção a todas as crianças que acolhêssemos ali, sem distinção. Mas nossos amigos não perderam tempo e tiveram uma linda garota, a Glorinha, que se tornou um mimo entre nós, sempre carinhosa e comportada. Realmente uma garotinha excepcional!

Os anos foram passando e nosso orfanato foi crescendo. Em determinado momento, cuidava de dezenas de crianças e adolescentes. Além de lhes oferecer um lar, procurávamos incentivá-los a estudar e trabalhar; muitas vezes eles encontravam famílias para acolhê-los em suas vidas.

Capítulo 20

No caso de um desses garotos, até nós nos envolvemos. Tratava-se de Pedro, que para nós era particularmente especial e não resistimos ao desejo de adotá-lo. Apesar de tudo, sobressaía nele ainda algumas dificuldades de relacionamento com as pessoas. Para nossa sorte, Glorinha veio ao encontro desse problema e foi a salvação. Parte da adoção poderia-se dizer que foi dela, pois depois que ele veio morar conosco, praticamente a adotamos também.

Ela era extremamente atenciosa e, aos poucos, parecia que ia minando a rebeldia do garoto. Os dois tinham praticamente a mesma idade, embora ela fosse bem mais resolvida e determinada.

Meus pais adotivos faleceram ainda novos e tive que aprender sobre independência logo cedo. Apesar do dinheiro que herdei, resolvi que o guardaria para algo que fosse realmente importante. Preferi morar sozinha, numa casa pequena, mas muito bonita. Quando me formei, já conhecia Antônio e toda a herança que recebi investimos em nosso orfanato.

Jamais me esquecia de agradecer a Deus por ter sido acolhida por aquele maravilhoso casal, que me ofereceu uma família e uma vida digna.

Uma forma que eu tinha de retribuir tudo aquilo era proporcionando melhores condições de vida para aquelas crianças que ali estavam.

Muitos amigos participavam daquele pequeno projeto que, com o passar dos anos, acabou por se transformar em um grande orfanato.

Quando os talentos artísticos de cada um se manifestavam, nosso orfanato mais se parecia com uma escola de artes. Ali escreviam poesias, brincavam de escolinha, pintavam, e Glorinha reunia todos para ouvir as suas incríveis narrativas.

Apesar de tantos afazeres e compromissos assistenciais, eu e Antônio ainda arrumávamos tempo para viver nossa intensa história de amor. Sabíamos desde o princípio que viveríamos um lindo romance, e essa certeza nos bastava. Não havia qualquer tentação ou perigo que nos afastassem, pois as duas únicas coisas que nos importavam eram nosso amor e nosso trabalho. Todo o resto nos era acrescentado, por merecimento ou sorte.

Adiamos nossa viagem de lua de mel ano após ano, para não deixarmos nossas crianças sem assistência. Agora as coisas já estavam engrenadas e tudo parecia fluir naturalmente. Resolvemos então finalmente viajar.

Pedro já estava com 15 anos e, durante nossa ausência, ficaria sob os cuidados de Carol e Gilberto, para felicidade de Glorinha.

Estávamos ansiosos para fazer nossa tão esperada viagem. Iríamos no início de setembro. Mas algo soava estranho nos dias que antecederam aquelas férias. Antônio insistia em conversar sobre temas poucos usuais entre nós, como eternidade, amor espiritual, paraíso celeste e coisas do tipo...

Em certo momento, olhou apressado para o relógio e me perguntou, meio de repente:

– E então, querida, está pronta?

Calmamente lhe respondi, dando-lhe um abraço:

– Amor, eu não sabia que estava tão ansioso por essa viagem. Já começo a sentir remorso de não termos ido antes... Você está parecendo criança!

Ele continuava a falar de forma estranha:

– Precisamos nos lembrar de que essa viagem é extremamente importante para nós dois, querida.

Tentei esclarecer as coisas:

– Claro, querido, espero por esse momento há mais de dez anos. Finalmente vamos poder realizar nosso grande sonho...

Mas já que tocou no assunto novamente, que história é essa de grandes expectativas sobre nós? O que está acontecendo com você, Antônio? Por que tem falado essas coisas e parece tão ansioso? Está acontecendo algo com nosso casamento que eu não saiba?

Antônio sorriu e, com muito bom humor, me disse:

– Claro que não, querida. Mas eu não diria com tanta convicção que estamos esperando por esse momento só há dez anos...

Não entendi o significado daquelas palavras, mas achei que era mais uma daquelas brincadeiras sem nexo que costumava fazer.

E fomos para o aeroporto. Já no avião, sentados em nossas poltronas, uma linda garota uniformizada veio ao nosso encontro e falou, gentilmente:

– Bom dia! Como estão? Desejam alguma coisa? Estão prontos para partir?

Prontamente Antônio respondeu sorrindo à aeromoça:

– Claro, claro. Mais do que prontos, moça...

Olhei para ele espantada com tanta alegria que demonstrava naquela hora e ainda insisti:

– Amor, o que está acontecendo com você? Há alguma coisa que esteja me escondendo?

Apenas sussurrou:

– Não, não. Nada que não vá saber em breve...

Poucos instantes depois, houve um barulho muito forte no avião e o pânico foi geral. Alguns choravam, outros gritavam. Apavorada, abracei Antônio. Pedimos proteção ao Alto. Senti que ele tremia e, de repente, um silêncio absoluto se apoderou dos nossos corações.

Olhamo-nos, abraçados, praticamente colados um ao outro, quando Antônio surpreendentemente me perguntou:

– Tudo certo, querida? Podemos ir agora?

Houve uma longa pausa. Não ousei responder a sua pergunta, mas ele continuou:

– Pois então: finalmente chegou nossa hora!

Assim terminava mais uma de nossas existências juntos. Nesta última, planejamos que voltaríamos para cumprir nossas tarefas. Eu, Atanael, como Antônio; mamãe, como Glorinha; papai, como Pedro; Clarinha, como Gilberto; Sílvia, como Carol, e muitos outros amigos que fariam parte do nosso projeto social, que seria o orfanato. Fabiana e Lúcio preferiram nos auxiliar na espiritualidade, já que seus projetos não incluíam mais encarnações terrenas.

Pedi para vir como filha dos inimigos do papai, pois queria a chance de exemplificar no dia a dia o amor, o perdão e tantas outras coisas que eles não conheciam. Mas o que aconteceu foi típico daqueles dois: abandonaram-me ainda na maternidade, perdendo mais uma oportunidade de se libertarem das amarras do ódio. Como já era suspeito esse abandono, havia um casal na expectativa para me adotar, ato já combinado anteriormente. Mas tudo correu da melhor maneira, pois herdei o dinheiro necessário para dar início ao nosso orfanato.

Antônio aproveitou para exercer a medicina convencional aliada à espiritualidade, exemplificando para os colegas de trabalho a fé, muitas vezes ignorada onde atua a ciência humana.

Adotamos Pedro ainda criança, para que tivesse a chance de aprender sobre ser feliz, sair da miséria, da dor, incentivando-o a mudar seus padrões. Pensamos que, se fosse adotado, poderia compreender que era possível modificar suas perspectivas. E abandonar seu passado sombrio também. Passou por maus-tratos na infância e foi acolhido em braços generosos, antes que essa fase terminasse.

A vida nos revela mensagens importantes sobre nossas próprias lições: basta que estejamos atentos a tudo o que nos acontece. Glorinha nasceu entre seus grandes amigos. Cresceu feliz e pôde ficar perto quando Pedro estivesse entre nós. Sugeri a ela, enquanto nos preparávamos, que contasse para Pedro algumas histórias com finais felizes, para, quem sabe, despertar nele alguma esperança...

Quando fomos embora, eu e meu querido anjo, o orfanato ficou sob os cuidados de Carol, que tomou a frente de tudo, com o auxílio do marido e da filha. Com muita insistência de Glorinha, Pedro assumiu algumas tarefas ali dentro, embora fosse sempre muito arredio.

Em nossas férias, sempre passamos por aqui para darmos uma espiadinha e ver como estão indo. Parece que tudo vai bem, pois Glorinha, antes Aurora, fica mais linda e iluminada a cada dia. Sua doçura e fidelidade a Deus fizeram-na uma grande mulher. Seus pais, como sempre, vivendo em plena paz e harmonia, continuam auxiliando as crianças do orfanato na educação e cuidando para que todos que ali passam tenham conhecimentos necessários para uma vida digna.

Papai, ou Pedro, ainda engatinha, mas está melhor que antes. Ao menos está livre de seus obsessores, pois estes foram achados por alguns antigos inimigos que também os perseguiam. Se essa história não fosse trágica, seria engraçada.

Depois que desencarnamos, Pedro ficou triste e solitário. Estranhamente, parecia sentir minha falta, mas aos poucos foi se apegando a Glorinha e, com muitas dificuldades emocionais, tentavam uma vida a dois.

Ela, sem dúvida, sabe o que quer e está decidida. Ele nem tanto, ainda não descobriu o que quer nem por onde começar, mas se persistir, com certeza há de chegar lá!

Assim, concluímos nossa estadia aqui na Terra. Consegui finalmente entender que todos os caminhos estão traçados, que cada um tem o seu e que, em algum momento desta trajetória, somos convidados a rever nossa história por meio humano ou divino.

A escolha é sempre nossa!

FIM

Leitura Recomendada

Mesa Reikiana
Uma Fonte Inesgotável de Energia Vital

Inês Telma Citelli

Essa obra tem o propósito de trazer informações sobre a técnica Reiki e a Mesa Reikiana. Mostra a grande possibilidade de atingir beneficamente um número ilimitado de pessoas que precisam e querem viver mais plenamente suas vidas. Ela proporciona a transmissão da energia Reiki vinte e quatro horas por dia, sete dias por semana, sem interrupção, enquanto a pessoa estiver em terapia.

A Cura pela Energia das Mãos
Um Guia Definitivo das Técnicas de Energização com as Mãos de uma Mestra

Starr Fuentes

Desde a Antiguidade, é sabido que o homem é dotado de diversos poderes, que são manifestações dos atributos de Deus e de suas divindades. Um desses poderes é o de curar a si e aos semelhantes por meio da imposição das mãos, com as quais irradia energias benéficas que promovem resultados incríveis, desde o alívio de uma simples dor de cabeça até a obtenção do equilíbrio emocional das pessoas.

www.madras.com.br

MADRAS® Editora
CADASTRO/MALA DIRETA

Envie este cadastro preenchido e passará a receber informações dos nossos lançamentos, nas áreas que determinar.

Nome _____
RG _____ CPF _____
Endereço Residencial _____
Bairro _____ Cidade _____ Estado ____
CEP _____ Fone _____
E-mail _____
Sexo ❑ Fem. ❑ Masc.   Nascimento _____
Profissão _____ Escolaridade (Nível/Curso) _____

Você compra livros:
❑ livrarias   ❑ feiras   ❑ telefone   ❑ Sedex livro (reembolso postal mais rápido)
❑ outros: _____

Quais os tipos de literatura que você lê:
❑ Jurídicos   ❑ Pedagogia   ❑ Business   ❑ Romances/espíritas
❑ Esoterismo ❑ Psicologia   ❑ Saúde   ❑ Espíritas/doutrinas
❑ Bruxaria   ❑ Autoajuda   ❑ Maçonaria   ❑ Outros:

Qual a sua opinião a respeito desta obra? _____
_____

Indique amigos que gostariam de receber MALA DIRETA:
Nome _____
Endereço Residencial _____
Bairro _____ Cidade _____ CEP _____

Nome do livro adquirido: *Dandhara*

Para receber catálogos, lista de preços e outras informações, escreva para:

MADRAS EDITORA LTDA.
Rua Paulo Gonçalves, 88 – Santana – 02403-020 – São Paulo/SP
Caixa Postal 12183 – CEP 02013-970 – SP
Tel.: (11) 2281-5555 – Fax.:(11) 2959-3090
www.madras.com.br

MADRAS® Editora

Para mais informações sobre a Madras Editora,
sua história no mercado editorial
e seu catálogo de títulos publicados:

Entre e cadastre-se no site:

www.madras.com.br

Para mensagens, parcerias, sugestões e dúvidas, mande-nos um e-mail:

marketing@madras.com.br

SAIBA MAIS

Saiba mais sobre nossos lançamentos,
autores e eventos seguindo-nos no facebook e twitter:

@madrased

/madraseditora